PROJETO POLÍCIA e IGREJA

MANUAL PARA IMPLANTAÇÃO DE CAPELANIA VOLUNTÁRIA

PROJETO
POLÍCIA
e IGREJA

MANUAL PARA IMPLANTAÇÃO DE CAPELANIA VOLUNTÁRIA

CARLOS ANDRÉ MEDEIROS LAMIN

Projeto Polícia e Igreja
Manual para implantação de capelania voluntária
por Carlos André Medeiros Lamin
© Publicações Pão Diário, 2021
Todos os direitos reservados.

Coordenação Editorial: Adolfo A. Hickmann
Revisão: Dayse Fontoura, Lozane Winter
Projeto gráfico e diagramação: Audrey Novac Ribeiro
Capa: Rebeka Werner, Audrey Novac Ribeiro

Dados Internacionais de Catalogação na Publicação (CIP)

Lamin, Carlos André Medeiros
Projeto Polícia e Igreja — Manual para implantação de capelania voluntária
Curitiba/PR, Publicações Pão Diário, 2021.
1. Evangelização   2. Voluntariado   3. Capelania militar   4. Espiritualidade

Proibida a reprodução total ou parcial, sem prévia autorização, por escrito, da editora.

Todos os direitos reservados e protegidos pela Lei 9.610, de 19/02/1998.
Pedidos de permissão para reprodução: permissao@paodiario.org

Exceto quando indicado o contrário, os trechos bíblicos mencionados são da edição Revista e Atualizada de João F. de Almeida © 2009 Sociedade Bíblica do Brasil.

Publicações Pão Diário
Caixa Postal 4190,
82501-970 Curitiba/PR, Brasil
publicacoes@paodiario.org
www.paodiario.com.br
Telefone: (41) 3257-4028

Código: HW179
ISBN: 978-65-87506-36-4

1.ª impressão: 2021

Impresso no Brasil

DEDICATÓRIA

Dedico esta obra a todos os capelães voluntários de São José do Rio Preto e região e de todo o estado de São Paulo pelo amor, dedicação e perseverança no sacerdócio de estar, dia após dia, ministrando a Palavra de vida, fé e esperança aos policiais militares. Dedico também às amadas igrejas pelo apoio, liberando e apoiando-os nesse ministério evangelístico e diaconal. Aos senhores e senhoras, em nome da Associação PMs de Cristo, meu muito obrigado e que Deus os recompense com bênçãos sobre bênçãos.

Dedico ainda a toda a Diretoria da Associação PMs de Cristo, na pessoa de seu presidente Coronel PM Alexandre Marcondes Terra, e, de forma especial, à pastora Dirce Shirota, que, ao lado do Coronel PM Camilo de Lelis Maia, coordena de forma muito profissional e amorosa o *Projeto Polícia e Igreja*.

Aproveito, também, para fazer uma justa homenagem aos capelães que faleceram em decorrência da Covid-19 e por outras enfermidades durante os anos de 2020–2021. Irmãos que amavam os policiais e se dedicavam muito ao serviço da capelania voluntária, investindo tempo e recursos financeiros para ver esses profissionais sendo mais reconhecidos pela sociedade e amparados pela proteção divina.

Aos meus irmãos Ney Ortega, Roberto Assis de Souza, Márcio Tadeu Molina e Giovanna Medeiros, muito obrigado e até breve!

AGRADECIMENTOS

Agradeço, primeiramente, a Deus pelos dons, por Sua graça e saúde concedidos, por ter me conduzido a ingressar na Polícia Militar do estado de São Paulo, onde meu bisavô, Pedro de Moraes Pinto, foi Tenente Coronel PM e Presbítero da 3.ª Igreja Presbiteriana de São Paulo (SP). Também a meu pai Jair Costa Lamin, que se aposentou como Subtenente PM, e ainda ao meu avô, Casemiro Leopoldino Lamin, que foi Capitão do Exército Brasileiro, assim sendo conduzido pelo Pai celestial nesta bênção hereditária.

Agradeço à minha amada esposa, Carla, que é a minha melhor metade, por me ajudar intensamente na educação de nossos queridos filhos, Lucas e Pedro, assim possibilitando-me exercer meus ministérios de forma mais tranquila.

Agradeço à minha mãe, Marília Medeiros Lamin, e à minha irmã, Andrea Cristina Medeiros Lamin, que sempre foram minhas incentivadoras, bem como meus tios Laerte, Irineu, Antônio (ambos in memoriam), Santo, Agostinho e Maurílio Medeiros, todos policiais militares.

Agradeço ao meu amigo e pastor, Reverendo Mário Sérgio de Góis, por estar comigo nos bons e maus momentos da vida, bem como ter sido meu grande incentivador a cursar o curso teológico pela FATIPI — Faculdade Teológica da Igreja Presbiteriana Independente e depois me incentivar a abraçar o ministério pastoral.

Agradeço a colaboração e a amizade do amigo e irmão Coronel PM Alexandre Marcondes Terra, eterno Presidente da Associação PMs de Cristo, na qual tive a honra de ser seu vice-presidência na gestão 2014–2018. Aprendi muito com a sua demonstração de amor, dedicação e esforço para ver a capelania voluntária se expandindo e se consolidando em todo o estado.

Agradeço ainda ao meu amigo e irmão Coronel PM Evandro Teixeira Alves, autor do livro A Polícia e a Igreja, que foi o mentor de todo o projeto, o qual se vê implantado há mais de 5 anos no estado de São Paulo.

Não posso deixar de mencionar, ainda que de forma geral, todos os Oficiais e Praças que atuam na semeadura da boa Palavra aos colegas de farda.

Por fim, agradeço imensamente todos os Oficiais comandantes que têm aberto as portas dos quartéis para que o efetivo sob seus comandos possa ser cuidado espiritual e emocionalmente pelos militares e voluntários dos PMs de Cristo.

SUMÁRIO

Prefácio 11

Introdução 15

PARTE 1
Fundamentos da capelania

Capítulo 1
O perfil do capelão 19

Capítulo 2
A origem da capelania 33

Capítulo 3
A Igreja cristã e a capelania 55

Capítulo 4
A Polícia Militar e a espiritualidade cristã......................69

PARTE 2
A experiência na implantação da
capelania militar voluntária pela
Associação PMs de Cristo

Capítulo 5
A Associação dos Policiais Militares Evangélicos
do Estado de São Paulo e o Projeto Polícia
e Igreja 81

Capítulo 6

A experiência regional do
Projeto Polícia e Igreja 97

Capítulo 7

Boas práticas do Projeto Polícia e Igreja 135

Capítulo 8

Sugestões de como implantar o Projeto Polícia
e Igreja em cada estado 149

Conclusão 155

Anexos 163

Referências bibliográficas 193

PREFÁCIO

Ao me preparar para a comemoração dos 30 anos dos PMs de Cristo em 2022, tenho a honra de prefaciar esta importante obra que registra um sonho que se tornou realidade: a implantação da capelania voluntária em toda a Polícia Militar de SP. Um projeto inovador, de baixo custo e alto impacto, não só para a saúde mental dos nossos policiais, mas para o fortalecimento dos três pilares da Corporação: gestão pela qualidade, direitos humanos e polícia comunitária.

O autor, que é Coronel, pastor e capelão, Carlos Lamin, meu especial amigo, com certeza foi inspirado por Deus para se dedicar a esta obra num momento tão desafiador da história. Ele se tornou uma das principais autoridades do tema capelania policial dentro dos PMs de Cristo, não só pelo seu amplo conhecimento teórico, mas pela prática exercida com maestria, há muitos anos na coordenação da capelania voluntária na região de São José do Rio Preto (CPI-5), bem como por ter já exercido a vice-presidência de tal Associação. Destaca-se também pelo comprometimento com a oração pela polícia, mantendo campanha permanente há mais de quatro anos, a qual mobiliza capelães e igrejas da região e de todo o país.

É importante lembrar aqui o que antecedeu com esse trabalho. Em 2012, houve o lançamento do livro A polícia e a igreja — Uma parceria para o desenvolvimento da comunidade e o combate à violência, da Editora UDF, de autoria do Coronel PM Evandro Teixeira Alves, nosso irmão em Cristo. Pioneira no tema e contendo pesquisa inédita no campo da polícia comunitária, a obra representou um marco na história da segurança pública no Brasil, trazendo aspectos teóricos e possibilidades práticas para o relacionamento polícia e igreja, visando ao bem comum e ao interesse público.

Agora, em 2021, quase 10 anos depois, temos o privilégio de anunciar o lançamento da obra *Projeto polícia e igreja — Manual para a implantação da capelania voluntária*, fruto da parceria abençoada entre Ministérios Pão Diário, PMs de Cristo e o autor, Coronel Lamin.

Em continuidade ao esforço de tornar realidade as possibilidades teóricas da primeira obra, este trabalho documenta o processo prático de implantação institucional da capelania voluntária na Polícia Militar de São Paulo, por meio da associação PMs de Cristo e igrejas parceiras. Aqui descreve-se o caminho percorrido desde o início do lançamento oficial, em 2015, bem como a mobilização de igrejas, treinamento e acompanhamento dos voluntários, e os resultados alcançados até agora, incluindo pesquisas que indicam 95% de aprovação da tropa e outras pesquisas de mestrado e doutorado profissional sobre o tema.

A obra ressalta o valor do capelão como figura imprescindível e complementar ao sistema de saúde mental da corporação, atuando como facilitador na linha de frente e de forma integrada aos demais profissionais, como psicólogos, psiquiatras, assistentes sociais e comandantes. Semelhantemente, revela o potencial comunitário que há por trás de cada capelão, mobilizando sua igreja para cooperar, orar e ajudar não só nos serviços internos da capelania, mas em outras ações de caráter comunitário, como mediação de conflitos, participação nos CONSEGs — Conselhos Comunitários de Segurança, vizinhança solidária, campanhas educativas e de oração pela polícia e pela paz social.

Posso afirmar que o *Projeto Polícia e Igreja* é um divisor na história dos PMs de Cristo e da Polícia Militar do estado de São Paulo. Até 2015, tínhamos cerca de 30 capelães voluntários e um pouco mais de 50 igrejas parceiras cooperando com o trabalho nos quartéis. Atualmente, temos quase 1.000 capelães formados e outros 500 voluntários atuando semanalmente nos quartéis, além de mais de 500 igrejas parceiras envolvidas no projeto, alcançando todas as regiões do estado. De 2015 até agosto de 2021, já contabilizamos mais de 50.000 atendimentos realizados pelos nossos voluntários da capelania, incluindo reflexões bíblicas, aconselhamentos, palestras, visitas a enfermos, funerais e outros.

Do lado interno dos PMs de Cristo, reconhecemos a liderança essencial e zelosa do Coronel Camilo de Lelis Maia, que foi, desde o início, coordenador estadual do *Projeto Polícia e Igreja*, e a nossa brilhante equipe administrativa, formada pela pastora e capelã Dirce Shirota, capelã Elaine C. Freitas Ramos, Alessandro Codogno e o Paulo César Silva, pelo empenho e dedicação incansáveis em coordenar os trabalhos e atender a todos com excelência ao longo do processo, até mesmo fora do expediente.

Enfim, esse trabalho revela e amplia uma nova visão de capelania policial para o século 21, mostrando sua abrangência sistêmica, capelania com ciclo completo. Parte primordial da saúde do indivíduo e sua família passa pela melhoria do ambiente de trabalho e chega aos desafios comunitários e cibernéticos, para fortalecimento da cultura de paz. Demonstra a força do voluntariado e a importância da participação cidadã na segurança pública, de acordo com a filosofia de polícia comunitária.

Tenho certeza de que esta obra será de grande valia para gestores de polícia, capelães, pesquisadores, líderes de igrejas, demais Associações Evangélicas de policiais militares dos estados da federação e representará uma força para mudança na valorização dos profissionais da segurança pública e melhoria da cultura de paz no Brasil.

Que o Senhor o abençoe grandemente!

"Eu vim para lhes dar vida, uma vida plena, que satisfaz."
—Jesus Cristo (JOÃO 10:10 NVT)

Boa leitura!

Coronel Alexandre Marcondes Terra
Presidente da Associação PMs de Cristo – SP

INTRODUÇÃO

As origens do serviço de Capelão remetem ao cristianismo antigo por meio do imperador Constantino I, passando pela lenda da capa de São Martinho de Tours e chegando ao Brasil em 1500, com a celebração da primeira missa sob a direção do Frei Henrique Soares de Coimbra — capelão da Armada Portuguesa e da Ordem Militar de Nosso Senhor Jesus Cristo.

A Capelania Militar ou Castrense é um importante serviço de prestação de assistência religiosa no ambiente militar (Marinha, Exército, Aeronáutica, Polícias Militares e aos Corpos de Bombeiros Militares).

Ela vem ganhando força no contexto eclesiástico brasileiro, pois as lideranças evangélicas presentes nestes ambientes (militar, prisional, hospitalar, escolar, empresarial, governamental) vêm prestando um atendimento de qualidade às pessoas com carências espirituais, afetivas e emocionais.

Também a Academia tem se voltado à importância desse assunto e o incluído em seus currículos de cursos de especialização e pós-graduação.

No Brasil, o serviço de capelania militar sempre esteve apoiado na Constituição Federal através de artigos, leis e decretos. Nota-se a importância do mesmo quando se relembra a frase atribuída a Duque de Caxias no artigo publicado pela revista A sentinela da paz, de 1995: "Tirai-me meus generais, mas não me tireis meus capelães". Essa citação demonstra o reconhecimento e relevância da capelania no ambiente militar.

Pertencer a uma corporação policial militar requer disciplina e estabilidade emocional para enfrentar as mais diversas situações do dia a dia. A família, nesse processo, também é alicerce fundamental para que o profissional militar consiga desenvolver seu máximo potencial. Por essa razão, o Capelão Militar voluntário ou profissional presta auxílio aos policiais e também a seus familiares, uma vez que uma relação harmoniosa entre a corporação, família e comunidade é primordial.

Assim, esta obra tem como tema central a capelania voluntária na Polícia Militar no Estado de São Paulo, particularizando a experiência em São José do Rio Preto, e, partindo desta premissa, pretendemos compreender o conceito de capelania, suas bases legais no Brasil e o perfil do capelão.

Em um segundo momento, intentamos compreender a relação entre a Polícia Militar e a capelania, conhecer o trabalho notável da Associação dos Policiais Militares Evangélicos do Estado de São Paulo — os PMs de Cristo — e apresentaremos a análise da pesquisa de campo que aplicamos aos policiais para obtenção de feedback sobre o serviço de Capelania Militar.

PARTE 1
FUNDAMENTOS DA CAPELANIA

CAPÍTULO 1
O PERFIL DO CAPELÃO

A definição de capelão (ã) "é um ministro religioso, que está autorizado a prestar assistência religiosa e realizar cultos em hospitais, presídios, corporações militares, escolas, conventos, universidades e outras organizações"[1]. Ser capelão é estar disposto a manifestar amor, compaixão, dar ouvidos, confortar e encorajar o ser humano diante das crises espirituais e emocionais com as quais ele é colocado à prova diariamente. A capelania é uma Assistência Religiosa e Social prestada aos serviços Civis e Militares. É um trabalho importante, pois presta atendimento às pessoas em situações difíceis.

---

1 Extraído do artigo *Capelania institucional: para que serve?*, do pastor José Geraldo Magalhães, no site Capelania institucional: para que serve? (expositorcristao.com.br).

Talvez a capelania seja algo ainda novo no contexto eclesiástico brasileiro, mas não o é nos Estados Unidos e na Europa, por exemplo, onde a *chapelancy* é largamente exercida como um braço diaconal da igreja. Diante da preocupação dos hospitais, presídios, escolas, universidades e outras instituições, a capelania ganhou força no Brasil nos últimos anos, onde as lideranças evangélicas presentes nestes ambientes vêm prestando um atendimento de qualidade às pessoas com carências espirituais, afetivas e emocionais. Com suas habilidades, o capelão poderá contribuir com a saúde da sociedade e desenvolver um trabalho produtivo nas áreas de consolo e evangelização.

Mais especificamente, a Capelania Militar, ou Castrense, é encarregada de prestar assistência religiosa a alguma corporação militar (Marinha, Exército, Aeronáutica, Polícias Militares e aos Corpos de Bombeiros Militares). Fazer parte de uma corporação militar não é tarefa fácil diante dos inúmeros desafios enfrentados. Os policiais militares, por exemplo, enfrentam longas jornadas de trabalho, combate à criminalidade, situações de violência etc. Essas condições relacionadas à profissão acabam transformando esse profissional em um ser humano em estado de alerta 24 horas por dia.

O capelão presta este auxílio tanto aos policiais quanto aos seus familiares, uma vez que uma relação harmoniosa entre a corporação, família e a comunidade é primordial para que o militar desenvolva seu trabalho aproveitando seu máximo potencial.

Neste cenário, onde a tensão psicológica está presente e influencia o profissional dentro e fora do seu ambiente de trabalho, os capelães militares são de fundamental importância para acompanhar e auxiliar os integrantes e familiares. O capelão deve estar presente para ouvir e lembrar que "eles não estão sozinhos", oferecer entusiasmo e força quando tudo o que veem a sua frente é miséria, sangue e violência. Ser capelão é cuidar de vidas.

TEOLOGIA BÍBLICA DA CAPELANIA

Não é nossa intenção aprofundar teologicamente o assunto e nem esmiuçar os atributos de um capelão. Mas deixaremos pistas para que você, leitor, possa fazer suas pesquisas, caso seja de seu interesse.

MISSIO DEI (A MISSÃO DE DEUS)

A definição adequada da *Missio Dei* é fundamental para entender como a missão está conectada à Capelania. Bosch apresenta uma diferenciação entre os termos "missão" e "missões". Missão refere-se à *Missio Dei*, isto é, a missão de Deus. Ao passo que missões se referem às *missiones ecclesiae*, as missões da igreja. Assim, David J. Bosh define a *Missio Dei* como algo singular que consiste na

> [...] autorrevelação de Deus como Aquele que ama o mundo, o envolvimento de Deus no e com o mundo, a natureza e atividade de Deus, que compreende tanto a igreja quanto o mundo, e das quais a igreja tem o privilégio de participar. *Missio Dei* enuncia a boa-nova de que Deus é um Deus — para as/pelas pessoas.[2]

---

2 BOSCH, David J. *Missão transformadora: mudanças de paradigma na teologia da missão.* São Leopoldo: Sinodal, 2002, p. 28.

Dessa maneira, podemos afirmar que a Missão não é da Igreja, mas a Missão é de Deus (*Missio Dei*), portanto a igreja é uma colaboradora na Missão de Deus. Então, a Missão pode ser vista como uma ação soberana de Deus, pois parte de Deus e se concretiza no mundo. Conforme afirma Bosch (2002, p. 26) "a missão permanece indefinível; ela nunca deveria ser encarcerada nos limites estreitos de nossas próprias predileções".

A capelania é parte da Missão de Deus e nunca, individualmente, a Missão. O capelão deve dedicar seu tempo a trazer o reino de Deus para este mundo por meio de palavras e ações que mostrem a importância do trabalho missionário, a responsabilidade e amor necessários para participar desse movimento do amor de Deus para com as pessoas.

Além disso, o capelão busca levar a boa notícia do amor incondicional, benevolente e absoluto de Deus pela humanidade. Evangelizando, ele mostra ao outro que esse amor transforma a vida e leva à uma nova experiência. Sabemos que não é fácil evangelizar na sociedade atual, pois isso requer a experiência pessoal do amor de Deus, da Sua ternura e compaixão.

Por meio do serviço voluntário, dentro do ambiente militar ou fora dele, os capelães buscam anunciar o evangelho, transformar vidas, prestar auxílio emocional e espiritual por meio da prática do amor, consolo, solidariedade e aconselhamento em situações de sofrimento ou conflitos emocionais, desenvolvendo assim a consciência da presença de Deus a cada ser humano necessitado.

IMAGO DEI (A IMAGEM DE DEUS)

O conceito de *Imago Dei* passa pela interpretação de textos bíblicos do Antigo Testamento em que se afirma que o ser humano foi criado à imagem e semelhança de Deus (*tselen* = imagem e *demuth* = semelhança). Na teologia paulina, ela é desenvolvida a partir da teologia hebraica com palavras gregas correspondentes como *eikon* (imagem, na teologia antiga traduzida como ícone) e homoiosis (feito como, feito semelhante).

Segundo Herbert Pereira, em seu artigo *Significado de Imago Dei*,

> *Imago Dei*: expressão oriunda do latim e que traduzida quer dizer "Imagem de Deus". Ela refere-se à doutrina de que o homem foi criado à imagem divina [...]. O conceito de *Imago Dei* nos ensina que os seres humanos foram criados à imagem e semelhança de Deus. Há algo de Deus em todos os seres humanos. É claro que o pecado manchou essa *Imago Dei* original, mas não a destruiu totalmente.[3]

Esse conceito responde à pergunta de como o ser humano pode ser tão singular e diferente entre todas as criaturas existentes. A resposta é que o ser humano foi o único criado à imagem e semelhança de Deus, e não a partir de outra espécie animal criada.

Biblicamente, descobrimos que os relacionamentos brotam de Deus. É na Trindade divina que os encontramos

---

3 2015, p. 1.

dizendo: "Façamos o homem à nossa imagem e semelhança" (GN 1:26). Notamos aí uma reunião, fruto da vontade da Trindade: O Pai, o Filho e o Espírito Santo compartilham de comunhão única e intensa.

Deus é um ser que caminha com Seus filhos, é a partir dele que os relacionamentos surgem. Assim, Deus é um ser relacional. A Trindade já indicava isso, pois estabeleceu um canal de relacionamento com Seu povo, que é mantido através da oração, adoração e comunhão, e que nos permite caminhar com Ele. Desse modo, ao criar o ser humano à sua espécie, à Sua imagem e semelhança, o Senhor o faz também um ser relacional. Como diz a professora Auriciene Araújo Lidório, "Talvez essa seja a principal essência da imagem ainda existente de Deus em nós seres humanos: sermos relacionais e buscarmos o encontro na relação com o outro"[4].

Para o ser humano, ter consciência de que foi feito à imagem de Deus pode significar que ele está nos planos e propósitos de Deus para renovar o mundo e promover a evangelização dos povos. O capelão, em seu serviço ao próximo, deve apresentar esse Cristo que restaura a dignidade humana, a semelhança com Deus, e não somente o Cristo das dores e dificuldades. Deus, o Criador, está presente em todos os momentos e lugares, independentemente de dificuldades e sofrimentos, e o capelão deve apresentar que o homem ou mulher é à imagem de Deus em Sua bondade.

IMITATIO CHRISTI (A IMITAÇÃO DE CRISTO)

Suceda ou imite Jesus. Nós, os cristãos, tentamos viver uma conduta guiada por Jesus Cristo e Seu modelo de fé. Os

---

4 *O perfil do/a capelão/capelã*. Unidade 2: Fundamentos da capelania, p. 7

primeiros discípulos descritos na Bíblia aceitaram o convite de Jesus para que o acompanhassem em Sua jornada e partilhassem Sua mensagem ao mundo.

Tomás de Kempis, em seu livro *A imitação de Cristo*[5], afirma:

> Quanto mais recolhido um homem é, e mais simples de coração ele se torna, mais fácil ele entende as coisas sublimes, pois recebe do alto a luz do conhecimento. O espírito puro, simples e firme não se desvia com seus afazeres. Visto que faz tudo para honrar a Deus e alegrar-se na paz interior, não busca nada para si mesmo. O que mais causa problemas e aflições do que o descontrole dos desejos do coração?[6]

Esta é a síntese da *Imitatio Christi*. Um cristão que busca esse objetivo deixa de lado seus próprios interesses, pois seu espírito empenha-se em honrar a Deus. "A imitação de Cristo" coloca as ações do homem em perspectiva cristocêntrica, engaja a pessoa pelo coração e faz que ela viva para o que realmente importa: servir a Jesus Cristo. Por essa perspectiva, a *Imitatio Christi* é algo que deve ser feito com humildade. O capelão deve fazer um trabalho de servo e principalmente mostrar que os sacrifícios valem a pena quando o objetivo é o resgate do ser humano que está pedindo socorro.

---

5 Publicações Pão Diário, 2021, p. 36 (no prelo)

6 Editora Martin Claret, 2007, p. 13

Ao servirmos na capelania não devemos ter por objetivos o cumprimento de metas ou programas da igreja, mas o fato de imitarmos a Jesus em Sua busca por aqueles marginalizados, pelos fracos e oprimidos, pelos caídos e desvalidos, pelos doentes que precisam de médico.

DE VISIONE DEI (A VISÃO DE DEUS)

Nicolau de Cusa afirma em seu livro *De Visione Dei* (citado por Auriciene Araújo Lidório, 2019, p. 11) que tudo parte do entendimento de que todas as faces, todos os humanos, são iguais e estão na posição de visão de Deus, para chegar até a unidade (quando enxergamos em Deus a Sua verdade, a Sua própria face).

Para ele, essa é a forma de entender como Deus olha para todos e, ao mesmo tempo, para cada um. Como o Senhor acompanha cada um dos seres humanos, seja no ocidente ou no oriente, e como Ele se move de um ao outro, sem retirar o olhar sobre eles. Ele é cuidadoso com cada um, independentemente da quantidade de indivíduos.

No desenrolar de sua obra, Nicolau Cusa mostra que a convivência humana depende da comunicação, e que o diálogo é a ponte entre a afetividade e a intelectualidade. Quando um capelão age em direção a alguém que sofre, ele não pode privilegiar uma em detrimento da outra, mas deverá ter as duas mãos — a afetividade e a intelectualidade — juntas, para então poder trazer o olhar de Deus para a vida destes que atende.

O capelão precisa transmitir que Deus tem um olhar único e inabalável para cada ser humano. Esse olhar transforma o íntimo de cada um e torna o ser humano capaz de transformar o mundo, depois de ver Deus, ele não verá o mundo da mesma forma, pois o Senhor não abandona e jamais abandonará ninguém. Em Seu olhar há o amor incondicional e de cuidado, uma vez que quem ama cuida e protege. Em Deus, ver e amar é uma única ação.

POIMÊNICA (CUIDADO PASTORAL)

Como afirma a professora Auriciene, a expressão vem do grego *poimen* que significa "pastor". *Poimênica* é então a ação de cuidado pastoral, para indivíduos ou famílias, executada por alguém que é o autor da ação pastoral (2019, p. 14). Em sentido amplo, essa expressão exemplifica o trabalho pastoral como um todo. O termo *poimen* tem como matriz primária a pessoa do próprio Jesus Cristo, que se autocompreendeu como aquele que se entrega, zela e cuida de Suas ovelhas.

A ideia de cuidado do capelão é intrínseca e ligada diretamente ao designo de sua atuação e ação, pois o capelão pode fazer ativamente o cuidado pastoral, indo até quem sofre para levar-lhe cuidado, ou também pode responder (reagir) a uma situação de pedido ou de auxílio que alguém traz para cuidar.

É importante que o leitor saiba que o cuidado pastoral é algo sobre o qual nunca se sabe tudo. A cada dia surgem novos desafios e inúmeras oportunidades de crescimento espiritual.

A PRÁTICA DA COMPAIXÃO

A misericórdia não é uma obrigação. Desce do céu como o refrigério da chuva sobre a terra. É uma dupla bênção: abençoa quem a dá e quem a recebe.[7]

Ir ao encontro das pessoas que sofrem, que são oprimidas, marginalizadas, abandonadas, enfermas, cativas não seria um exercício da misericórdia antes de qualquer outra intenção? A misericórdia é um sentimento de compaixão, despertado pela desgraça ou pela miséria alheia. A expressão misericórdia tem origem latina e é formada pela união de *miserere* (ter compaixão), e *cordis* (coração). "Ter compaixão do coração" significa ter a capacidade de sentir aquilo que a outra pessoa sente, aproximar seus sentimentos dos sentimentos de alguém, ser solidário com as pessoas.

A professora Auriciene narra isto de forma muito didática:

> O Capelão/Capelã é o pastor que vai em busca do seu rebanho *fora dos muros* das igrejas locais e suas atividades em torno do templo e suas dependências. *Porém a sua atividade não se resume ao evangelismo, mas a preponderância de sua assistência é o oferecimento de consolo, amparo e cuidado espiritual que se evidencia através de sua presença pessoal como alguém que se importa.*

O apóstolo Paulo registrou em sua carta aos Filipenses: "Finalmente, irmãos, tudo o que for verdadeiro, tudo o que for nobre, tudo o que for correto, tudo o que for puro, tudo o que for amável, tudo o que for de boa fama, se houver algo de excelente ou digno de louvor, pensem nessas coisas" (4:8 NVI). Paulo está querendo dizer que nossas ações são fruto

---

7 William Shakespeare, O mercador de Veneza, Ato IV, Cena I.

daquilo que pensamos, pois pensamentos geram sentimentos, que geram comportamentos e estes se tornam em hábitos. O exercício da capelania deve ser realizado por pessoas que pensem no seu próximo, ou melhor, que pensem como exercitar o amor, a misericórdia na vida do próximo. Como prática cristã, a essa relação de ajuda e cuidado Flávia Roldão chama de "ação diaconal" (*Relações de ajuda e cuidado: um diálogo entre psicologia e teologia*[8]).

Nosso maior e melhor exemplo é sempre Jesus Cristo. Enquanto os discípulos tentavam colocar seus preconceitos em prática evitando que algumas classes de pessoas se aproximassem do Mestre (crianças, publicanos, mulheres, pobres), este não perdia a chance de ensinar a prática da misericórdia. No texto quatro, de *Fundamentos da capelania*, do curso de pós-graduação de capelania da Facnopar[9], o autor traz a seguinte afirmação sobre o sentimento de Jesus sobre o sofrimento das pessoas:

A contemplação da multidão, que aos discípulos talvez causasse repugnância, ira ou desprezo, fazia o coração de Jesus encher-se de grande compaixão e dor. Nenhuma repreensão, nenhuma acusação. O povo amado de Deus jazia maltratado, e a culpa era dos que lhe deveriam ministrar o serviço divino.

---

8 Palestra disponível em <http://www.pucpr.br/eventos/congressoteologia/2009/>)

9 Disponível em: <https://teoeduca.com.br/produto/pos-graduacao-em-capelania-facnopar/>. Acesso em: 21 mar. 2019.

PERFIL BÁSICO DO CAPELÃO

Citando Gary Collins, a professora Auriciene lista quais qualificações um conselheiro eficaz devem possuir. Portanto, vamos aplicá-las também a como deve ser o Capelão/Capelã:

1. CORDIALIDADE — cuidado, respeito ou preocupação sincera, sem excessos pelo aconselhando. Como Jesus, ter uma atitude calorosa, interessada, tratando da outra pessoa com muito valor.

2. SINCERIDADE — o conselheiro sincero é "real", ou seja, uma pessoa aberta, franca, que evita o fingimento ou uma atitude de superioridade. Isso implica em espontaneidade sem reflexão e honestidade sem confrontação impiedosa.

3. EMPATIA — como o aconselhando pensa? Como ele se sente na verdade por dentro? Quais os seus valores, crenças, conflitos íntimos e mágoas? A empatia supõe que o conselheiro se mostre sempre sensível as essas questões e que seja capaz de comunicar empatia (com palavras ou atitudes) ao aconselhando. É a capacidade de "sentir" com o aconselhando.

4. ESCUTA ATIVA — seja em aconselhamento, seja em reflexões bíblicas, seja em qualquer outra atividade em que o capelão estiver ministrando, este deve adotar este princípio de fundamental importância: a escuta ativa. A escuta ativa é mais do que somente ouvir, é buscar o real sentido por detrás das palavras. É ficar atento a comentários feitos pelos assistidos ou por pessoas ao seu redor, em especial, quando se trata de situações emocionais em que possa haver quadro de depressão.

Mais uma vez, cito texto da professora Auriciene, intitulado *Escuta ativa e qualificada*, que expressa, o assunto, de forma muito profunda:

A escuta ativa é uma grande arte. É, na verdade, um dos mais elevados cumprimentos que podemos fazer a alguém e também uma grande demonstração de respeito pelo outro. É a maneira sutil de convencer os outros com os ouvidos, sendo os que escutam e transmitem amor com isso.

Ouvir ativamente significa muito mais do que simplesmente ouvir. Quando ouvimos, estamos, na verdade, pensando no que vamos dizer ou responder na sequência. Mas quando ouvimos ativamente, demonstramos — com nosso olhar — o vivo interesse no que o outro está dizendo, concentramo-nos no assunto, questionamos, perguntamos, envolvemo-nos e aprendemos. Aprendemos a compreender o outro, a respeitar suas fragilidades, a perceber seus sentimentos mais profundos, a captar os pensamentos que os vocábulos não expressam.

Além desse perfil básico, a espiritualidade sadia, cristocêntrica, é fundamental para o exercício da capelania. Não quer dizer que o capelão, ou capelã, estarão isentos de crises, problemas conjugais e financeiros e por aí vai. Porém quer dizer que, em todas as situações, ele é detentor de um equilíbrio físico, emocional e espiritual para gerenciar suas próprias dificuldades e ainda exercer a prática da capelania. Por isso, a vida devocional diária, perseguindo as disciplinas espirituais, prestando contas e compartilhando sua vida pessoal e ministerial com um mentor ou um líder, que seja um pastor ou um padre, é de fundamental importância.

CAPÍTULO 2
A ORIGEM DA CAPELANIA

GÊNESE DO OFÍCIO DE CAPELÃO SOB O IMPERADOR CONSTANTINO

A origem do ofício do capelão remonta ao cristianismo antigo, simultaneamente com o crescimento do cristianismo decretado por Constantino, Imperador de Roma, em 313 d.C. Constantino I, também conhecido como Constantino Magno ou Constantino, o Grande, foi um imperador romano que governou uma porção crescente do Império Romano até a sua morte. Constantino acabou, no entanto, por entrar na história como o primeiro imperador romano a "professar o cristianismo"[10].

Era outubro do ano 312 d.C., Constantino e suas tropas marchavam em direção a Roma para desafiar Maxêncio

---

10 O autor Justo L. Gonzalez, em seu livro *Uma História Ilustrada do Cristianismo Vol. 2 — A Era dos Gigantes* (Ed. Vida Nova, 1988), indica que grande parte dos estudiosos discutem a conversão de fé de Constantino, uma vez que ele, como político hábil, percebeu as vantagens que poderia obter com essa "conversão" e ter a causa do cristianismo a seu lado.

— ou Magêncio —, outro candidato ao título de imperador. Segundo relatos históricos, na noite anterior à batalha o general sonhou com uma cruz inclinada, e nela estava escrito em latim: *In hoc signo vinces*, que traduzido para o português quer dizer: "com isto vencerás".

Ainda, mais tarde, Cristo teria aparecido a ele em um sonho, segurando o mesmo sinal (uma cruz inclinada), lembrando as letras gregas *chi* (χ) e *rho*(ρ), as duas primeiras letras da palavra *Christos*. O general foi instruído a colocar esse sinal nos escudos de seus soldados, o que fez da forma exata como ordenado. Conforme prometido no tal sonho, Constantino venceu a batalha.

Constantino já estava começando a favorecer a ideia de um único Deus, e esse foi um dos diversos momentos marcantes do século 4, um período de violentas mudanças. Como ele havia saído vitorioso na batalha da Ponte Mílvia, o general estava ansioso para agradecer a Cristo por sua vitória e, desse modo, optou por dar liberdade e status à Igreja. No ano 313 d.C., ele e Licínio, com quem montara um delicado equilíbrio de poder, emitiram oficialmente o *Edito de Milão*, garantindo a liberdade religiosa dentro do Império. "Nosso propósito", dizia o Edito, "é garantir tanto aos cristãos quanto a todos os outros a plena autoridade de seguir qualquer culto que o homem desejar". Se antes o cristianismo e seus cristãos eram perseguidos, agora o cristianismo tornara-se a religião patrocinada pelo Império.

Josué Macedo informa que o historiador Sozomeno, em sua obra *História Eclesiástica*, escrita entre os anos 439 e 450 d.C., fala a respeito do costume de Constantino quando das incursões em guerras:

[...] cada vez que devia afrontar a guerra, costumava levar consigo uma tenda disposta a modo de capela, para que, quando viessem a encontrar-se em lugares solitários, nem ele, nem o seu Exército fossem privados de um lugar sagrado onde pudessem louvar ao Senhor, rezar em comum e celebrar os ritos sagrados. Seguiam-no o sacerdote e os diáconos com encargo de atender ao local sagrado e de nele celebrar as funções sagradas. Desde aquela época, cada uma das Legiões Romanas tinha a sua tenda-capela, assim como os seus sacerdotes e diáconos adstritos ao serviço sagrado.[11]

Assim, Constantino imediatamente assumiu o interesse imperial pela Igreja: restaurou suas propriedades e deu-lhe dinheiro. A Igreja passou de perseguida a privilegiada. Em um período de tempo surpreendentemente curto, suas perspectivas mudaram por completo, e o imperador afirmou e assegurou a tolerância oficial à fé.

LENDA DE SÃO MARTINHO DE TOURS

Para melhor compreensão é necessário primeiramente entender o termo "capelania" e como surgiu essa prática. Como descreve Damy Ferreira, a ideia desse ofício se originou no contexto militar:

Na França, em tempos de guerra, montava-se uma tenda especial, onde era mantido um sacerdote para

---

11 Revista *Heróis do fogo*, n.º 16, ano 4.

ofícios religiosos e aconselhamento. A tenda era chamada de "capela". O costume foi se perpetuando mesmo em tempos de paz e, com o tempo, o sacerdote que cuidava dela passou a ser chamado de "capelão". O serviço estendeu-se também a outras instituições como: hospitais, cemitérios e prisões, chegando ao contexto escolar.[12]

A palavra "capela", surge da expressão do latim *cappella* que significa "capa pequena" e tem origem na história de Martinho de Tours, um soldado romano que viveu no século 4 d.C.

São Martinho de Tours foi um bispo cristão nascido em Sabária das Panónias (Hungria), mas foi educado no interior da Itália de Ticino, filho de pais pagãos. Seu pai era um veterano tribuno militar romano que odiava a religião cristã. Ele acreditava que o cristianismo era uma religião falsa, pois ensinava a amar seus inimigos e "oferecer a outra face" aos seus ofensores.

Ainda assim, quando tinha 10 anos, contra a vontade dos pais, Martinho de Tours alistou-se numa igreja e pediu para se tornar catecúmeno (noviço). Em pouco tempo, ele estava convertido à obra de Deus. Mas, tendo o rei emitido um edito (decreto) que os filhos de veteranos fossem inscritos no exército, o pai o denunciou, e ele foi incluído no serviço militar.

Consta nos relatos históricos que no ano de 338 d.C., um ano após a morte de Constantino, Martinho teve uma

---

12 *Capelania escolar evangélica*, Rádio Transmundial, 2009.

experiência que transformou sua vida. Com 22 anos, militar e catecúmeno, Martinho saiu para fazer uma ronda noturna nos arredores da cidade de Amiens, onde as tropas estavam alojadas.

Quando já não tinha nada para além das armas e da simples veste de militar, havia junto à porta da cidade um mendigo quase nu, sob o frio intenso da madrugada, pedindo qualquer tipo de auxílio. Não dispondo de nada a oferecer ao pobre homem, Martinho então, arrancou a espada que tinha à cintura, rasgou pelo meio sua própria capa (manto) de lã e doa ao pobre.

Na noite seguinte, quando se entregou ao sono, viu Cristo vestido com a parte de sua capa com a qual havia abrigado o pobre, como relata André Antunes em sua dissertação de mestrado intitulada *A vida de São Martinho. Estudo introdutório, tradução e comentário:*[13]

> Logo ouviu Jesus, com voz clara, dizendo para a multidão de anjos circundantes: "Martinho, ainda um catecúmeno, cobriu-me com esta veste". Na verdade, o Senhor está lembrado dos seus próprios ditos: "Sempre que fizerdes isto a um destes Meus irmãos mais pequeninos, a Mim mesmo o fizestes", anunciando que Ele próprio fora vestido naquele pobre; e, para que ficasse ratificado o testemunho de tão boa obra, dignou-se a revelar-se no mesmo hábito que o mendigo recebera.

13 Disponível em: https://estudogeral.sib.uc.pt/bitstream/10316/27980/1/A%20 Vida%20de%20S%C3%A3o%20Martinho.%20Estudo%20introdut%C3%B3rio%2C%20 tradu%C3%A7%C3%A3o%20e%20coment%C3%A1rio.pdf

Martinho foi batizado em 339 d.C., aos 23 anos, permanecendo no Exército até os 40 anos. Tornou-se discípulo de Santo Hilário de Poitiers (cidade localizada no centro-oeste da França) que o introduziu à vida monástica e o ordenou diácono. Com 55 anos foi consagrado bispo de Tours, e em 8 de novembro de 397 d.C., com 81 anos, veio a falecer, tendo se tornado um dos santos mais conhecidos e populares da Europa.

O "manto de São Martinho", expressão com o qual ficou conhecida sua capa, tornou-se uma relíquia à qual os reis da França devotavam fé, por isso juramentos eram feitos sobre ela em tempos de guerra. O manto tornou-se um símbolo de proteção à França.

Você deve estar se perguntando: Qual a relação de São Martinho com a história da capelania em geral e, particularmente, à capelania militar? Primeiro, com a origem histórica e etimológica da palavra, que veio do latim *cappella*, cujo significado é manto ou capa, termo utilizado para denominar o tipo de peça integrante do uniforme militar de Martinho. Daí a evolução semântica e as derivações que se seguiram.

Walmir Vieira afirma o seguinte:

> [...] essa capa foi preservada e, no sétimo século, foi guardada em um oratório que, por isso, passou a chamar-se *cappella*. Com o passar do tempo, esse termo passou a designar qualquer oratório e, com isso, o sacerdote que era encarregado desses oratórios passou a ser chamado de capellanus — capelão. Em torno do século 14, a palavra capela

passou a designar generalizadamente qualquer pequeno templo destinado a acolher o Cristo no acolhimento dos irmãos mais necessitados (MT 25:31-40).[14]

O musicólogo e escritor Henry Raynor explica assim a etimologia do termo capela:

> A palavra "capela" provém de *Cappella* (ou manto) de são Martinho, a relíquia mais sagrada dos reis francos, sobre o qual se faziam os juramentos e que era levada à frente das tropas em batalhas. Os seus guardiões eram os *cappella*ni e o santuário no qual se guardava era a *cappella*. Por isso, *cappella* veio a ser designação de um edifício religioso, inclusive o seu mobiliário e pessoal, isto é, tudo o que fosse necessário para o culto de um rei ou nobre.[15]

Mesmo em tempo de paz, a capela continuava no reino, sendo esse costume utilizado também em Roma. Em 1789, esse ofício foi abolido na França, mas reestabelecido em 1857 pelo papa Pio IX. O sacerdote que tomava conta da capela era chamado de capelão, e passava a ser o líder espiritual do rei e seus representantes. O serviço costumava estender-se também a outras instituições: Parlamento, Colégios, Cemitérios e Prisões. Dessa forma, surgia a figura do capelão.

---

14 *Capelania escolar: desafios e oportunidades*, Ed. Rádio Transmundial, 2011.

15 *A naturalização dos menestréis*, Zahar Editores, 1981.

BREVE HISTÓRICO DA CAPELANIA NO BRASIL

No Brasil, o serviço de capelão data praticamente do período do descobrimento, ou seja, de 1500. A Cavalaria de Cristo — instituída pelo rei português D. Diniz, em 1319, sob a designação de Ordem Militar de Nosso Senhor Jesus Cristo, em substituição à Ordem dos Templários, extinta pelo papa Clemente V — celebrou a primeira missa no Brasil, no dia 26 de abril de 1500, na então Ilha de Vera Cruz. A celebração foi realizada por ordem de Pedro Álvares Cabral, sob a direção do Frei Henrique Soares de Coimbra, capelão da Armada Portuguesa e membro da Ordem.

Em sua dissertação de conclusão de curso da especialização em Execução de Políticas de Segurança Pública, Glédston Campos dos Reis conclui que, naquele momento, surgia a história da assistência religiosa no Brasil com a característica castrense ou militar e sob a assistência da Igreja Romana.[16]

Outros eventos significativos na história para a assistência religiosa no Brasil, sob o ponto de vista de José Campos Macedo no âmbito do Exército Brasileiro:[17]

- Aviso Régio de 24 de maio de 1741: documento mais antigo de que se tem notícia. Nesse documento prescreveu-se a função do Capelão Militar como pároco dos soldados e como tal, sujeito à inspeção dos bispos, cujo ministério se dedicava precipuamente aos militares.

---

16 *A assistência espiritual ou religiosa na Polícia Federal: proposta de implantação*, 2009.

17 *Capelania militar evangélica e sua importância para o CBERJ*. Revista Heróis do Fogo, n.º 16, ano 4.

- Decreto de 7 de julho de 1825: alguns anos após a independência do Brasil, cria-se o cargo de capelão--mor, com a responsabilidade inerente a sua função apostólica e provendo-lhe o uso de uniforme.
- Decreto de 24 de dezembro de 1850: os capelães são organizados sob a forma de Repartição Eclesiástica do Exército. Sob esse formato os párocos dos soldados passam a ter atribuições bem definidas, estrutura interna, categorias diferenciadas de capelães e fixação de efetivo.
- Decreto n.º 5.679, de 27 de junho de 1874: transformação da Repartição Eclesiástica do Exército em Corpo Eclesiástico do Exército. Esse decreto foi um reconhecimento ao trabalho dos capelães na Guerra do Paraguai. A importância do Corpo Eclesiástico foi revelada nesta citação atribuída a Duque de Caxias — Marechal Luís Alves de Lima e Silva —, no artigo publicado pela revista *A Sentinela da Paz*, de 1995: "Tirai-me meus generais, mas não me tireis meus capelães".
- Da Proclamação da República à Segunda Guerra Mundial (1899 a 1944): como consequência da separação entre Igreja e Estado, ocorrida na Proclamação da República Federativa do Brasil, houve a desativação do Corpo Eclesiástico do Exército e o início de um período onde a assistência religiosa aos militares era prestada por meio de sacerdotes e pastores, até o princípio da Segunda Guerra Mundial. Na Constituição de 24 de fevereiro de 1891, há uma referência religiosa no artigo 72, parágrafo 7.º: "Nenhum

culto ou igreja gozará de subvenção oficial, nem terá relações de dependência ou aliança com o Governo da União ou dos Estados". Já na Constituição de 16 de julho de 1934, artigo 113, item 6, regulamenta e contempla a prestação de assistência religiosa: "Sempre que solicitada, será permitida a assistência religiosa nas expedições militares, nos hospitais, nas penitenciárias e em outros estabelecimentos oficiais, sem ônus para os cofres públicos, nem constrangimento ou coação dos assistidos. Nas expedições militares a assistência religiosa só poderá ser exercida por sacerdotes brasileiros natos".

- Decreto-lei n.º 6.535, de 26 de maio de 1944: o então presidente Getúlio Vargas, por meio do Decreto-lei n.º 6.535, instituiu o Serviço de Assistência Religiosa (SAR) nas forças em operação de guerra. Tratou-se da reativação dos serviços de capelania militar, mas direcionado às forças em operação de guerra. Com base neste decreto, integraram a Força Expedicionária Brasileira (FEB) 30 capelães católicos e 02 capelães evangélicos — sendo beneficiados sacerdotes, pastores ou ministros religiosos de qualquer religião, desde que brasileiros natos, cujas religiões não ofendessem a disciplina, a moral e as leis, e que fosse professada, por, no mínimo, um vigésimo dos efetivos.

- Decreto-lei n.º 8.921, de 26 de janeiro de 1946: o SAR é instituído de maneira permanente após o término da 2 Guerra Mundial, ampliando suas atribuições e abrangência às Forças Armadas. Os objetivos do novo SAR eram:

Art. 1.º Fica instituído, em caráter permanente, nas Forças Armadas, o Serviço de Assistência Religiosa (S.A.R.), criado pelo Decreto-lei número 6.535, de 26 de maio de 1944.

Art. 2.º São atribuições do Serviço de Assistência, Religiosa: prestar assistência religiosa nas guarnições, unidades, navios, bases, hospitais e outros estabelecimentos militares, dentro do espírito de liberdade religiosa e das tradições nacionais; cooperar na formação moral dos alunos dos institutos militares de ensino, prestando assistência religiosa auxiliando a ministrar a instrução de Educação Moral e Cívica; desempenhar, em cooperação com todos os escalões de Comando Militar, os encargos relacionados com a assistência espiritual, moral e social dos militares e de suas famílias.

- Decreto n.º 20.680, de 28 de fevereiro de 1946: Instituiu patrono do Serviço de Assistência Religiosa do Exército o Capelão Militar Capitão Antônio Álvares da Silva. Considerando haver ele demonstrado possuir peregrinas virtudes morais e cívicas, que o recomendam, à posteridade, como modelo do verdadeiro sacerdote capelão militar.
- Decreto *Ad Consulendum* de 6 de fevereiro de 1950: Decreto baixado pelo Papa Pio XII, representante da Santa Sé. D. Jaime Câmara torna-se o 1.º vigário castrense do Brasil em 1951. As atribuições do Vicariato

Castrense eram pertinentes à assistência religiosa católica nas Forças Armadas.

- Acordo de 23 de outubro de 1989: o acordo entre a República Federativa do Brasil e a Santa Sé teve por objetivo tornar a assistência religiosa aos fiéis católicos que fossem membros das Formas Armadas, estável e conveniente. Com base neste acordo e no Decreto *Cum Apostolicam Sedem*, de 2 de janeiro de 1990, da Congregação dos Bispos, foi criado Ordinariado Militar do Brasil em substituição ao antigo Vicariato Castrense do Brasil.

- Lei Federal n.º 5.711, de 8 de outubro de 1971: o Serviço de Assistência Religiosa nas Forças Armadas (SARFA), criado por Decreto-lei no governo de Getúlio Vargas, sofreu alterações. Foi fixado o efetivo de capelães para cada Força Armada — incluindo civis contratados —, foram estabelecidos novos requisitos para admissão de candidatos, sacerdotes, ministros, pastores ou religiosos.

- Lei Federal n.º 6.923, de 29 de junho de 1981: sancionada pelo então presidente Euclides Figueiredo, atualizou e aperfeiçoou a estrutura e funcionamento do SARFA. Artigos destacados neste tópico:

Art. 2.º — O Serviço de Assistência Religiosa tem por finalidade prestar assistência Religiosa e espiritual aos militares, aos civis das organizações militares e às suas famílias, bem como atender a encargos relacionados com as atividades de educação moral realizadas nas Forças Armadas.

- Confederação Evangélica do Brasil (CEB): Fundada em 1934, a Confederação Evangélica do Brasil exerceu papel importante no serviço de capelania militar. Entre outros, estabeleceu a comunicação entre as igrejas protestantes (evangélicas) e o Ministério da Guerra para indicação de candidatos ao Serviço de Assistência Religiosa (Decreto-lei n.º 6.535, de 26 de maio de 1944). Também aprovou as diretrizes pastorais que serviram de orientação para os dois pastores que seguiram para a Itália, como capelães militares integrantes da Força Expedicionária Brasileira. Foram eles: João Filson Soren (pastor batista) e Juvenal Ernesto da Silva (pastor metodista).

- Aliança Pró-Capelania Militar Evangélica do Brasil (ACMEB): Criada em 7 de dezembro de 2005, por iniciativa de nove denominações que possuíam pastores e capelães militares. Tem como objetivo dar continuidade ao trabalho iniciado pela CEB. Os capelães têm demonstrado satisfação diante dos benefícios que seu o trabalho da ACMEB tem proporcionado a eles e ao trabalho que realizam.

- Comissão dos Serviços de Assistência Religiosa das Forças Armadas (COSARFA): criada em 17 de janeiro de 2012, através da Portaria n.º 101/MD do Exmo. Sr. Ministro da Defesa, Dr. Celso Amorim. Tem por finalidade coordenar e repassar aos Serviços de Assistência Religiosa nas Forças Armadas, de que trata a Lei n.º 6.923, de 29 de junho de 1981, as eventuais orientações e propostas de eventos que vierem a ser aprovadas no âmbito da Comissão.

- Serviço de Assistência Religiosa das Forças Auxiliares: a Lei n.º 6.923/1981 tem servido como parâmetro para criação de leis estaduais que visam abordar sobre a assistência religiosa nas polícias militares e corpos de bombeiros militares[18]. Assim, estes têm criado seus próprios Serviço de Assistência Religiosa.
- Serviço de Assistência Religiosa das Guardas Municipais, Artigo 144 da Constituição Federal de 1988:

Art. 144. A segurança pública, dever do Estado, direito e responsabilidade de todos, é exercida para a preservação da ordem pública e da incolumidade das pessoas e do patrimônio, através dos seguintes órgãos:
§ 8.º Os Municípios poderão constituir guardas municipais destinadas à proteção de seus bens, serviços e instalações, conforme dispuser a lei.

- Lei N.º 13.022, de 8 de agosto de 2014: Art. 2o Incumbe às guardas municipais, instituições de caráter civil, uniformizadas e armadas conforme previsto em lei, a função de proteção municipal preventiva, ressalvadas as competências da União, dos estados e do Distrito Federal. Com relação às Guardas Municipais, podemos observar que há semelhanças entre elas e as Forças Armadas e Auxiliares. Para tanto, tem havido interesse por parte de diversas Guardas Municipais

---

18 O Corpo de Bombeiros faz parte da Polícia Militar no estado de São Paulo.

na criação de seus serviços de capelania. Alguns municípios já possuem, como exemplo a Guarda Civil Metropolitana de Goiânia, Goiás.

- União de Militares Evangélicos: trata-se de um movimento sem qualquer vínculo político-partidário, de caráter interdenominacional, sem organização central, sem orçamento e conduzido por voluntários. Seu início remonta ao ano de 1851, na Índia, sob a liderança do Capitão Trotter, oficial da cavalaria britânica. Assim nascia a União de Oficiais Cristãos na Grã-Bretanha. O movimentou chegou ao Brasil em 1976 por intermédio do Pastor Euclides Schwartz Lima, que participou, pela primeira vez, de um Congresso Internacional da *Association Of Military Christian Fellowships* (AMCF), a Associação Mundial de Militares Cristãos. Impressionado com o trabalho de evangelização e companheirismo cristão entre os militares em outros países, ele se empenhou, quando regressou, para criar no Brasil uma associação que evangelizasse e encorajasse os militares evangélicos no seu testemunho cristão, nas Forças Armadas e Auxiliares. Por estímulo do pastor Euclides e com o apoio da AMCF, as Uniões de Militares Evangélicos brasileiros aprimoraram sua organização e funcionamento, bem como criaram a Associação de Oficiais Cristãos (AOC) que foi secundada pela União de Militares Evangélicos do Brasil (UMCEB), que serve como elo entre as diversas Uniões de Militares e Integrantes das Forças de Segurança presentes nos estados e no Distrito Federal. Em muitos estados brasileiros, o trabalho das Uniões precedeu à existência de uma capelania institucional. Em vários desses casos, as Uniões exerceram influência direta sobre a criação da capelania e a abertura de vagas para pastores evangélicos.

A CONSTITUIÇÃO FEDERAL — O BRASIL COMO ESTADO LAICO

Ao observarmos o histórico da capelania, nota-se que durante o governo de Constantino houve uma aproximação entre o Estado e o cristianismo, não havendo um limite claro para essa relação. Ainda na França através da lenda de São Martinho, novamente o Estado e o cristianismo caminham lado a lado.

No Brasil, ao examinarmos o período anterior a Proclamação da República, já é possível constatar a importância dos capelães a partir do Aviso Régio de 24 de maio de 1741, onde o serviço de capelania militar começa a figurar como uma instituição. Nos decretos de 1825, 1850 e 1874, é possível indicar: a evolução organizativa do serviço de capelania, a identificação e o fortalecimento entre os militares e capelães, a definição das atribuições, a estrutura interna, a ampliação do efetivo etc. Esses ciclos tiveram importante relevância para o período pós-Proclamação da República.

Foi através do Decreto 119-A, de Ruy de Barbosa, no ano de 1890, que o Brasil passou a ser considerado um Estado Laico. Nosso país é considerado um Estado Laico em virtude dos artigos constitucionais que amparam a liberdade religiosa. Cita-se o artigo 5.º, VI, da Constituição Federal que estabelece:

Art. 5.º [...]
VI – é inviolável a liberdade de consciência e de crença, sendo assegurado o livre exercício dos cultos religiosos e garantida, na forma da lei, a proteção aos locais de culto e suas liturgias.

De acordo com o dicionário Aurélio da Língua Portuguesa, laico é "que não sofre influência ou controle por parte da igreja" e "que ou quem não pertence ao clero ou não fez votos religiosos".

De um modo geral, o Estado laico é um estado neutro e leigo, quando há separação entre a religião e o Estado, um não devendo interferir no campo de atuação do outro. Não significa dizer que o Estado seja ateu, mas sim que não assumi qualquer posição religiosa e protege o direito de culto do cidadão. A finalidade dessa neutralidade é estabelecer uma sociedade que mesmo com diversidade de crenças e ideologias, consiga se desenvolver e prosperar obedecendo a um governo sem posição religiosa definida.

A CONSTITUIÇÃO DE 1988 E A CAPELANIA MILITAR

Embora a Constituição Federal defina a neutralidade do Estado, ela garante a prestação de serviços religiosos. Neste cenário, a capelania — através de um trabalho direcionado para o ser humano, com base em leis, decretos e a Constituição Federal, está respaldada para realização de seu trabalho.

O artigo 19, inciso I, da Constituição Federal primeiramente apresenta as limitações do Estado quanto a laicidade, com uma ressalva a respeito do interesse público, conforme citado abaixo, sendo este o principal ponto para estabelecer um serviço de capelania em repartições públicas:

Art. 19. É vedado à União, aos Estados, ao Distrito Federal e aos Municípios:

I – Estabelecer cultos religiosos ou igrejas, subvencioná-los, embaraçar-lhes o funcionamento ou manter com eles ou seus representantes relações de dependência ou aliança, ressalvada, na forma de lei, a colaboração de interesse público;

Conforme pudemos ver, na primeira parte do dispositivo, há uma vedação aos membros da Federação em estabelecer cultos religiosos ou igrejas, embaraçar-lhes ou manter relações de dependências ou alianças. Neste início, o artigo dá sustentabilidade ao princípio da laicidade e reforça novamente que o Estado e a religião são elementos distintos. Já a ressalva ("ressalvada, na forma de lei, a colaboração de interesse público"), cria a possibilidade de relação entre o Estado e a religião, que tinha por objetivo atender ao interesse público, do povo. Deste modo, entendemos que o artigo 19, inciso I da Constituição Federal de 1988 não implica a separação total da religião nos assuntos estatais, desde que essas alianças ou relações possuam interesses que beneficiem a coletividade.

Desse modo, demonstramos que, sendo de interesse público podem ser criadas leis e decretos que regulamentem a assistência religiosa em qualquer área, civil ou militar, do serviço público da União, Estados, Distrito Federal e Municípios. Assim, a capelania militar, como manifestação de interesse público, possui prenúncio legal, uma vez que está regulamentada por lei. Utiliza-se como exemplo a Lei 6.923 de 29 de junho de 1981, que regulamentou a assistência religiosa das Forças Armadas.

Em seu livro *Curso de direito administrativo*, o jurista Celso Antônio Bandeira de Mello expõe:

> Ao se pensar em interesse público, pensa-se, habitualmente, em uma categoria contraposta à de interesse privado, individual, isto é, ao interesse pessoal de cada um. Acerta-se em dizer que se constitui no interesse do todo, ou seja, do próprio conjunto social, assim como acerta-se também em sublinhar que não se confunde com a somatória dos interesses individuais, peculiares de cada qual [...][19]

Neste sentido, veremos na tabela abaixo alguns exemplos da base legal para prestação de assistência religiosa — apenas observem que o Estado não é o responsável pelo serviço, já que o Brasil é Estado laico:

---

19 MELLO, 2008, p. 59.

Base legal para prestação de serviço religioso no Brasil:

Artigo 5.º, inciso VI e VII da CF	VI – é inviolável a liberdade de consciência e de crença, sendo assegurado o livre exercício dos cultos religiosos e garantida, na forma da lei, a proteção aos locais de culto e suas liturgias. VII – é assegurada, nos termos da lei, a prestação de assistência religiosa nas entidades civis e militares de internação coletiva.
Lei no 6.923, de 29 de junho de 1981	Art. 2.º – O Serviço de Assistência Religiosa tem por finalidade prestar assistência Religiosa e espiritual aos militares, aos civis das organizações militares e às suas famílias, bem como atender a encargos relacionados com as atividades de educação moral realizadas nas Forças Armadas. Art. 4.º – O Serviço de Assistência Religiosa será constituído de Capelães Militares, selecionados entre sacerdotes, ministros religiosos ou pastores, pertencentes a qualquer religião que não atente contra a disciplina, a moral e as leis em vigor. Art. 10.º – Cada Ministério Militar atentará para que, no posto inicial de Capelão Militar, seja mantida a devida proporcionalidade entre os capelães das diversas regiões e as religiões professadas na respectiva Força.
Lei no 9.982, de 14 de julho de 2000	Art. 1.º – Aos religiosos de todas as confissões assegura-se o acesso aos hospitais da rede pública ou privada, bem como aos estabelecimentos prisionais civis ou militares, para dar atendimento religioso aos internados, desde que em comum acordo com estes, ou com seus familiares no caso de doentes que já não mais estejam no gozo de suas faculdades mentais.

Analisando a tabela acima, notamos que a Constituição Federal garante a liberdade religiosa, bem como a prestação do serviço de assistência religiosa no âmbito das Forças Armadas. Sendo assim, o Estado busca, por meio da capelania militar oferecer orientação e auxílio que contribuirá para uma melhor prestação de serviço no âmbito da segurança estatal.

O interesse público fica claro, quando a capelania, além de prestar auxílio espiritual, reforça os valores e princípios que compõem a estrutura e ações das Forças — Decreto n.º 4.346, de 26 de agosto de 2002:

> Art. 3.º – A camaradagem é indispensável
> à formação e ao convívio da família militar,
> contribuindo para as melhores relações sociais entre
> os militares.
> Art. 4.º – A civilidade, sendo parte da educação
> militar, é de interesse vital para a disciplina
> consciente.
> Art. 6.º – Para efeito deste Regulamento, deve-se,
> ainda, considerar:
> I – honra pessoal: sentimento de dignidade própria,
> como o apreço e o respeito de que é objeto ou se
> torna merecedor o militar, perante seus superiores,
> pares e subordinados;
> II – pundonor militar: dever de o militar pautar
> a sua conduta como a de um profissional correto.
> Exige dele, em qualquer ocasião, alto padrão
> de comportamento ético que refletirá no seu
> desempenho perante a Instituição a que serve e no
> grau de respeito que lhe é devido; e

III – decoro da classe: valor moral e social da Instituição. Ele representa o conceito social dos militares que a compõem e não subsiste sem esse.

Os valores acima harmonizam-se perfeitamente com os valores da maioria das religiões, especialmente as de origem judaico-cristã. Então, nesse sentido, a capelania trabalha como orientadora e formadora do caráter dos militares, formação essa que influenciará diariamente no trabalho dos militares perante a comunidade, cumprindo assim o interesse público da capelania.

Algumas ações que demonstram os benefícios da capelania militar, que podemos citar são: o enfrentamento ao suicídio, à violência doméstica, à dependência química, o desenvolvimento de valores, a motivação e outras atitudes que são de interesse público.

Por todas as razões que expusemos até aqui, é constitucionalmente recomendável e admissível que as religiões e o Estado trabalhem em parceria, para o benefício do interesse público, por meio da capelania.

CAPÍTULO 3
A IGREJA CRISTÃ E A CAPELANIA

O ENSINO NA IGREJA CRISTÃ

A educação cristã faz parte do comissionamento de Jesus Cristo, o Mestre por excelência. Ele disse: "Ide, portanto, fazei discípulos de todas as nações, batizando-os em nome do Pai, do Filho, e do Espírito Santo; ensinando-os a guardar todas as coisas que vos tenho ordenado" (MT 28:19-20).

A educação faz parte da missão da Igreja. É um processo que visa oferecer às pessoas e à comunidade uma compreensão da vida e da sociedade. Ela está comprometida com uma prática libertadora, valorizando a vida e a comunidade, segundo o modelo de Jesus Cristo, e questionando os sistemas de dominação e de morte à luz do reino de Deus, que nos é apresentado nas Sagradas Escrituras.

A educação cristã é, portanto, um processo dinâmico para a transformação, a libertação e a capacitação das pessoas e da comunidade. Ela se dá na caminhada da fé e se desenvolve no confronto da realidade histórica com o reino de Deus em um comprometimento com a missão de Deus no mundo, sob a ação do Espírito Santo, que revela Jesus Cristo, de acordo com a Bíblia.

O objetivo da educação cristã é proporcionar a formação da pessoa em comunidade, levando-se em consideração as diversas fases de seu desenvolvimento. Também visa a preparar o cristão a viver no Espírito de Deus em meio às suas relações, a anunciar o evangelho e a cumprir seu ministério no mundo. Semelhantemente, ela ajuda a comunidade a ter consciência de qual é o significado da existência humana, a partir do indivíduo que integra o processo social e religioso. E também leva os cristãos a se integrarem na prática missionária, à luz do evangelho e da realidade do meio em que vivem.

A educação promovida pela Igreja atua em alguns campos da sociedade: nos lares, nas igrejas locais, nas instituições de ensino ligadas às próprias igrejas, nas escolas oficiais dos estados e dos municípios, nas universidades públicas e privadas, em grupos comunitários; ou seja, na sociedade em geral.

A RESPONSABILIDADE SOCIAL DA IGREJA CRISTÃ

Ser responsável é ser capaz e chamado a prestar contas de alguma coisa a alguém. A ideia de responsabilidade, com a liberdade e a obrigação que ela implica, tem seu lugar no contexto das relações sociais. Ser responsável requer que você seja um ser na presença de outros seres, a quem está vinculado e diante de quem é capaz de responder livremente. A responsabilidade inclui o serviço ou cuidado com as coisas que pertencem à vida comum dos seres.

Diante da realidade de um país laico, como é o caso do Brasil, entende-se que a responsabilidade social — e mesmo política — da Igreja diminuirá no momento em que sua influência for contestada por qualquer mecanismo de defesa democrática. Em países como a Alemanha e Inglaterra, onde a religião influencia diretamente a vida política das pessoas, as coisas funcionam de forma diferente. O luteranismo e o anglicanismo, respectivamente, são as religiões oficiais desses países, e têm o poder de influir muito mais sobre o cotidiano do povo se comparado ao que acontece com os brasileiros.

Atualmente, existem países e governantes que se submetem amplamente aos princípios universais da ética, alicerçados nas orientações das comunidades religiosas, que influenciam suas decisões estadistas. Contudo, alguns governos comportam-se de maneira totalmente oposta, desconsiderando qualquer tipo de conselho, assessoramento ou orientação das organizações religiosas permitidas e aceitas nesses países.

Não há qualquer vínculo entre essas partes capaz de afetar a governabilidade e as deliberações. Aceitar ou não esse tipo de envolvimento é certamente uma escolha de cunho democrático, tendo em vista a liberdade religiosa e a condução de políticas que, em nosso entender, deveriam existir em todas as partes do mundo.

Ainda dentro da reflexão do significado de responsabilidade, não se pode dissociar o termo de duas premissas que, certamente, ajudarão a Igreja cristã a pensar e entender esse sentido:

- A Igreja é socialmente responsável "diante de quem"?
- A Igreja é socialmente responsável "pelo quê"?

No primeiro caso, há uma bivalência da resposta: A Igreja, em seu papel social, é responsável, primeira e obviamente, diante de Deus por tudo o que faz e desempenha em sua missão terrena. Por segundo, a Igreja também é socialmente responsável perante a sociedade. A ambos ela presta satisfações, respeitadas as profundas diferenças. Com eles, a Igreja deve exercitar sua liberdade moral em todas as áreas de sua existência. Sua responsabilidade de resposta a Deus e, coerentemente, à Sua doutrina, é feita por meio de Jesus Cristo, no seu papel de Mediador entre o ser humano e Deus.

Sem essa dimensão e perspectiva, a Igreja perderia sua identidade. Prestar satisfações a Deus em Jesus Cristo significa, em essência, mostrar o quanto a Igreja pode, e deve, por meio do bem, revelar esse Cristo que venceu a morte. A morte e a ressurreição de Cristo têm poder sobre o mal, e é missão e responsabilidade da Igreja mostrar essa incontestável verdade a todos quantos necessitam enxergá-la, assim como foi demonstrado em relação ao desempenho do evangelismo como propósito primordial da Igreja.

A igreja que vive na presença de Deus é responsável por homens e mulheres e por todas as sociedades com as quais o Senhor se preocupa. A Igreja precisa desempenhar suas funções para promover o bem comum, sem julgar as pessoas, sem as condenar, sem as vincular a aspectos materiais ou a moralismos que substituem o valor humano, tão importante para Deus.

No viés político e social, a Igreja também se incumbe de um papel profético ao pronunciar-se aos governos, juízes e legisladores, denunciando posturas de injustiça, de desrespeito aos direitos humanos, de preconceito, de fraudes, de descaminhos dos recursos públicos e de transgressão dos limites estabelecidos pelos homens e pelas leis dos homens.

É exatamente nesse momento em que a Igreja se posiciona contra essas condutas, anunciando profeticamente a oportunidade de arrependimento e transformação de políticas públicas e de governos contaminados pela corrupção. A oração constante e intervencionista é uma ferramenta sempre disponível para a Igreja e para a nação brasileira, que anseia pela restauração do nosso sistema de governança.

A MISSÃO DA IGREJA CRISTÃ

"Fazer Missões", quer na confissão católica, quer na evangélica, é o propósito da Igreja, que deve promover a proclamação do evangelho a toda criatura, conforme determina o próprio Protagonista Instituidor da doutrina cristã, registrado em Marcos 16:15 — "E disse-lhes: Ide por todo o mundo, e pregai o evangelho a toda a criatura".

Esse sentido de missão aparece desde o início, quando do envio dos primeiros discípulos para a Grande Comissão: "… portanto ide, fazei discípulos de todas as nações, batizando-os em nome do Pai, do Filho, e do Espírito Santo, ensinando-os a observar todas as coisas que eu vos tenho mandado; e eis que eu estou convosco todos os dias, até a consumação dos séculos" (MT 28:19-20).

Entendendo essa missão, que representa a "prática correta" das igrejas locais, pode-se discorrer sobre o que significa "fazer missão" na Igreja cristã, segundo os escritos dos estudiosos, teólogos e eclesiólogos acerca do assunto. O *Plano para a Vida e Missão da Igreja Metodista no Brasil* (PMVI — Igreja Metodista, 2001, p. 21), declara que: "Missão é a construção do reino de Deus, sob o poder do Espírito Santo, pela ação da comunidade cristã e de pessoas, visando o surgimento da nova vida traduzida por Jesus Cristo, para a renovação do ser humano e das estruturas sociais, marcadas pelos sinais de morte".

O povo brasileiro vive as agruras de uma sociedade muito injusta e desumana. No século 21, há uma perversa hegemonização dos processos de globalização, que nos casos brasileiro e latino-americano, aprofunda nossa dependência e põe em xeque nossas identidades culturais. Nesse perverso processo de crescimento tecnológico e econômico, observa--se uma brutal exclusão social, com o surgimento de milhões de miseráveis, que não contam com a organização social para a satisfação de suas necessidades. Surge dessa forma o clamor do sofrimento, o grito de dor na alma.

A Igreja tem o papel missionário de anunciar o Reino de Deus, vivido e proclamado por Jesus Cristo — o maior Embaixador e Representante desse Reino no mundo —, marcado pelo Seu amor e serviço à humanidade e resgate de sua dignidade. A Igreja é portadora da boa-nova transformadora, da palavra profética. Ela testemunha da justiça de Deus, da denúncia contra os efeitos do pecado e do mal, que tanto desagregam as estruturas humanas, tornando-as cada vez mais cruéis.

A missão da Igreja pode se manifestar em várias áreas da sociedade: na educação, na ação social, na arte, na música, nas comunicações, nas comemorações, nos esportes, nas ações cívicas etc.

Áureo Oliveira Rodrigues, diretor de programas sociais do Vale da Bênção (SP) e membro da Comissão de Ação

Social e Cidadania do Conselho de Ministros e Pastores de São Paulo (CPESP), afirma na revista *Igreja*, em sua coluna sobre responsabilidade social: "Nosso chamado é para que sejamos pacificadores. Mais do que nunca, o mundo precisa de construtores da paz" (2006, p. 30).

A IMPORTÂNCIA DO EVANGELHO

Evangelho significa boas-novas. Na verdade, o cristianismo é boa-nova — as melhores boas-novas que o mundo já ouviu. Com muita frequência, essas boas-novas se tornam um revestimento finíssimo colocado superficialmente sobre os valores de nossa cultura, sendo moldados e conformados aos contornos dela, e à verdade de Deus.

Esta ideia de boas-novas, por favor, entenda, não foi uma invenção posterior do cristianismo. Jesus mesmo falou sobre as boas-novas. E, ao falar nestes termos, Ele retornou à linguagem do profeta Isaías, usada séculos antes (IS 52:7; 61:1). O que quer que seja que Jesus tenha dito em aramaico, os cristãos e os próprios apóstolos gravaram a afirmação dele usando a palavra grega *euangelion* — literalmente boas-novas.

AS BOAS-NOVAS NÃO SÃO APENAS QUE TUDO ESTÁ BEM CONOSCO

Algumas pessoas parecem imaginar que o cristianismo é uma sessão de terapia religiosa, na qual assentamos e procuramos ajudar uns aos outros a nos sentirmos melhor a respeito de nós mesmos. Os bancos são divãs, o pregador faz perguntas, e o texto a ser exposto é o próprio ego do ouvinte. Mas, depois de havermos sondado as profundezas de nossa alma, por que ainda continuamos a nos sentirmos vazios?

Ou sujos? Existe algo a respeito de nós e de nossa vida que esteja incompleto ou errado?

A Bíblia rejeita a ideia de que estamos bem, que a condição do homem seja excelente, que todas as pessoas têm apenas necessidade de aceitar sua condição presente, sua finitude, sua limitação, suas imperfeições, ou que precisamos somente ver o lado brilhante das coisas. A Bíblia nos ensina que em nossos primeiros pais, Adão e Eva, todos nós fomos seduzidos a desobedecer a Deus. Portanto, não somos justos nem estamos em um bom relacionamento com Deus. Na verdade, de acordo com Jesus, nosso pecado é tão sério que precisamos de uma nova vida (JO 3); e, de acordo com o apóstolo Paulo, precisamos ser criados de novo (1CO 15), visto que estamos mortos em nossos delitos e pecados (EF 2).

Nossas transgressões pessoais talvez não pareçam tão ousadas ou ofensivas, mas são letais para o nosso relacionamento com Deus. Paulo diz que "o salário do pecado é a morte" (RM 6:23). E, em Tiago 2, podemos obter melhor compreensão desta verdade. Podemos ver algo da seriedade de cada pecado. A ênfase de Tiago é que as leis de Deus não são apenas estatutos externos, aprovados e publicados por um congresso no Céu. Pelo contrário, as leis de Deus refletem Seu caráter. Elas são uma expressão do próprio Deus. Portanto transgredir qualquer das leis de Deus significa viver contra Deus — viver em oposição a Deus.

A Bíblia apresenta Deus não somente como nosso Criador passivo, mas também como Aquele que nos ama intensamente. Ele quer tudo de nós. Pensar que, às vezes, podemos desconsiderá-lo, deixar de lado a Ele e aos Seus caminhos, quando isso nos convém, significa mostrar que não entendemos toda a natureza de nosso relacionamento com Deus. Não podemos dizer que somos cristãos e, ao mesmo tempo, quebrar de modo consciente, alegre e repetitivo a lei de Deus. Mas, este é de fato, o estado em que nos encontramos. Temos cruzado os limites que Deus estabeleceu com retidão para a nossa vida. Temos contrariado tanto a letra como espírito de Sua Lei. Não somente nos sentimos culpados, somos realmente culpados diante dele. Não temos apenas conflito em nosso íntimo, estamos em conflito com Deus. Paulo deixa claro que, na realidade, todos aqueles que afirmam distinguir o certo e o errado devem conhecer-se a si mesmos de modo suficiente para reconhecer que têm pecado.

O verdadeiro cristianismo é realista quanto ao lado obscuro de nosso mundo, nossa vida, nosso coração. No entanto, o verdadeiro cristianismo não é pessimista por completo ou moralmente apático, encorajando-nos apenas a assentar-nos e aceitar a verdade a respeito de nosso estado decaído. Não, as boas notícias que nós, cristãos, temos de anunciar, não é somente que nossa depravação é sobremodo abrangente, mas também que os planos de Deus para nós são maravilhosos porque Ele sabe para o que nos criou.

Quando começamos a compreender isso, tornamo-nos agradecidos pelo fato de que o cristianismo não é uma mensagem que anestesia as dores de nossa vida, uma mensagem que nos desperta para esta vida e que nos ensina a viver bem. A mensagem de Jesus Cristo nos ensina a viver com um anseio por transformação, uma fé crescente, uma esperança firme e segura quanto ao que há de vir. O evangelho não é uma mensagem que nos diz que estamos bem.

AS BOAS-NOVAS NÃO SÃO APENAS QUE DEUS É AMOR

Outras vezes, podemos apenas ouvir o evangelho apresentado como a mensagem de que "Deus é amor". A Bíblia afirma realmente que "Deus é amor" (1JO 4:8), mas é essa toda a história?

Se você é um pai, talvez já teve a experiência de ordenar a seus filhos que não fizessem algo, apenas para que eles lhe respondessem: "Se você me ama, me deixará fazer isso". Como adultos, sabemos que o amor nem sempre deixa os filhos fazerem o que querem. De fato, às vezes o amor previne e, às vezes, pune. Portanto, quando dizemos: "Deus é amor", o que pensamos sobre o amor divino? Além disso, amor é tudo o que a Bíblia diz que Deus é? A Bíblia não diz que Deus é santo? Como um Espírito ama? A Bíblia não diz que Deus é único e que não há ninguém semelhante a Ele? Como saberemos as respostas a essas perguntas se Deus mesmo não as disser para nós?

Considere a passagem abaixo da Confissão de Westminster, que reúne o ensino bíblico sobre Deus:

> Há um só Deus vivo e verdadeiro, o qual é infinito
> em Seu ser e perfeições. Ele é um espírito puríssimo,
> invisível, sem corpo, membros ou paixões; é
> imutável, imenso, eterno, incompreensível —
> onipotente, onisciente, Santíssimo, completamente
> livre e absoluto, fazendo tudo para a Sua glória e
> segundo o conselho da Sua própria vontade, que
> é reta e imutável. É cheio de amor, é gracioso,
> misericordioso, longânimo, muito bondoso e

verdadeiro remunerador dos que o buscam e, contudo, justíssimo e terrível em Seus juízos, pois odeia todo o pecado; de modo algum terá por inocente o culpado. Deus tem em si mesmo, e de si mesmo, toda a vida, glória, bondade e bem-aventurança. Ele é todo suficiente em si e para si, pois não precisa das criaturas que trouxe à existência, não deriva delas glória alguma, mas somente manifesta a Sua glória nelas, por elas, para elas e sobre elas. Ele é a única origem de todo o ser; dele, por Ele e para Ele são todas as coisas e sobre elas tem Ele soberano domínio para fazer com elas e sobre elas tudo quanto quiser. Todas as coisas estão patentes e manifestas diante dele; o Seu saber é infinito, infalível e independente da criatura, de sorte que para Ele nada é contingente ou incerto. Ele é santíssimo em todos os Seus conselhos, em todas as Suas obras e em todos os Seus preceitos. Da parte dos anjos e dos homens e de qualquer outra criatura lhe são devidos todo o culto, todo o serviço e obediência, que Ele já por bem requerer deles. Na unidade da Divindade há três pessoas de uma mesma substância, poder e eternidade — Deus o Pai, Deus o Filho e Deus o Espírito Santo, O Pai não é de ninguém — não é nem gerado, nem procedente; O Filho é eternamente gerado do Pai; O Espírito Santo é eternamente procedente do Pai e do Filho.[20]

---

20 Disponível em https://ipheliopolis.org.br/confissao-de-fe/2/

Este é o Deus que revela a si mesmo na Bíblia. Estas afirmações da Confissão de Westminster falam de várias outras qualidades, além do amor. Elas nos dizem, por exemplo, que Deus exige santidade de todos os que desejam ter um relacionamento de amor com Ele. Conforme a Bíblia diz: "Segui a paz com todos e a santificação, sem a qual ninguém verá o Senhor" (HB 12:14).

A EVANGELIZAÇÃO

Segundo Steurnagel:

> Evangelização é, propriamente, sinônimo de missão da Igreja, a missão daqueles que são colaboradores da *Missio Dei*: espalhar as boas-novas expressas por meio da ação de curar, ensinar, batizar, promover a paz, buscar justiça pela sua prática, e tudo que se inclua a partir da ordem expressa de Jesus Cristo em Mateus 10:8 — "...de graça recebestes, de graça dai".[21]

A evangelização e o discipulado são os maiores pilares para a propagação das boas-novas registradas nos livros do Novo Testamento. Mas, como vemos na citação acima, ela não se traduz somente pela verbalização ou tentativa de fazer prosélitos. Estava se referindo ao testemunho como principal motivação para a promoção do cristianismo.

---

21 Citado por Evandro Teixeira Alves em seu livro *A polícia e a Igreja: uma parceria para o desenvolvimento da comunidade e o combate à violência*, Ed. Pompeia, 2012, p. 63.

A evangelização não acontece entre quatro paredes, muito pelo contrário, acontece fora delas. O Coronel Evandro Alves, autor do livro *Polícia e Igreja* (Ed. Pompeia, 2012), traduz isso de forma muito direta e sábia:

> A Igreja precisa experimentar, de modo cada vez mais intenso e claro, a sua mais importante tarefa: repartir, fora dos limites de seus templos, o que de graça recebeu do seu Senhor. É exatamente nessa perspectiva missionária que a Igreja tira o foco de si mesma e passa a se envolver com a comunidade, além de se tornar instrumento de novidade no Reino de Deus para as outras pessoas, alterando as estruturas da sociedade, carcomidas pelos males sociais. O evangelismo é uma atitude de misericórdia, de amor ao próximo, de respeito ao ser humano e de atendimento às necessidades das multidões. Por isso a Igreja deve ser lançada nessa tarefa, e precisa permanecer em constante proclamação e manutenção dos ensinamentos ministrados.

No mandato missionário de Jesus ou na grande comissão, registrada no evangelho de Mateus: "Ide, portanto, fazei discípulos de todas as nações..." (28:19-20), Jesus não queria que a Igreja apenas evangelizasse, mas também que fizesse discípulos.

Na capelania, além do próprio capelão, o assistido necessitará de modelos, pessoas em quem ele possa se espelhar, inspirar e seguir. Sendo, primeiramente, o capelão um discípulo de Cristo, criar uma atmosfera na qual Jesus Cristo é a referência e conduzir o assistido a estabelecer uma fé em Jesus, será de grande valia no apoio emocional e espiritual para essa pessoa.

CAPÍTULO 4
A POLÍCIA MILITAR E A ESPIRITUALIDADE CRISTÃ

ESTRATÉGIA DE POLÍCIA COMUNITÁRIA

A Polícia Comunitária, como estratégia e filosofia institucional, busca se aproximar das aspirações da população em relação à polícia: ter uma polícia que trabalhe próximo da comunidade e na qual ela possa crer e confiar. Ela visa também a busca de soluções dos problemas locais proporcionando melhor qualidade de vida para as comunidades, pensando globalmente e agindo localmente.

Acreditar e confiar na polícia são considerados princípios essenciais para que a polícia possa ter legitimidade para aplicar as leis. Em alguns momentos, por apatia, ou ainda medo da reação dos criminosos, a população não colabora com a polícia para resolver casos de violência ou crime. Em qualquer um desses casos, a reação da população já sugere que há uma quebra de confiança na polícia.

Essa imagem ruim afeta o desempenho da polícia nos esclarecimentos de delitos e até no registro de ocorrências, pois quando não há confiança, a população hesita em relatar à polícia que foi vítima de violência ou, até mesmo, de fornecer informações que poderiam auxiliar a polícia a esclarecer esses delitos. O policiamento comunitário foi adotado como uma forma de melhorar a relação entre a polícia e sociedade.

Neste contexto atual, os planejamentos estratégicos das polícias são compatíveis com as da igreja. As igrejas locais buscam proporcionar o desenvolvimento de seu papel missionário, que é resgatar vidas que não estão de acordo com os valores éticos e morais de Cristo, e assim colabora com a polícia na manutenção da segurança.

Jean Charles Serbeto, em seu trabalho de conclusão de curso, comenta:

> A ideia central da filosofia de Polícia Comunitária reside na possibilidade de aproximação dos profissionais de segurança junto à comunidade na qual atuam, atribuindo uma característica humana ao profissional de polícia, e não apenas disponibilizando um número de telefone e uma instalação física referencial.[22]

Assim, na visão da filosofia da Polícia Comunitária, a corporação e seus integrantes têm a consciência que devem orientar suas atividades em parceria com a comunidade.

---

22 *Polícia Comunitária os pequenos municípios estratégia para fortalecimento da doutrina do Estado*, p. 30

A Igreja cristã tem muita semelhança com a missão e estratégia da PMESP. Em muitos momentos, polícia e Igreja desempenham missões semelhantes: ambas valorizam o ser humano e a sociedade. Os valores cristãos associados aos valores da cultura e educação são cruciais para desenvolver e garantir a cultura e a educação não só das comunidades, mas também dentro da força policial e demais forças de segurança.

De um lado, a polícia é voltada para a comunidade, agindo a partir de valores organizacionais voltados para a sociedade. De outro, a Igreja representando a sociedade em si. Quando ambas trabalham em conjunto, tornam-se maiores as possibilidades de identificar, priorizar e resolver problemas sociais, como a criminalidade e a desordem social, além de adquirir condições de promover a qualidade de vida e bem-estar dos cidadãos.

Juramento do Policial por ocasião da formatura na Escola Superior de Formação de Soldados
Fonte: Seja Força e Honra, 2016.

A igreja local hoje tem condições de atuar junto às comunidades de seu entorno e junto aos policiais que atuam na região onde a igreja está instalada. Para este último, seu papel é de imprescindível importância, visto que as a profissão de policial é uma das mais desgastantes e estressantes.

Essas circunstâncias, muitas vezes, são motivos de problemas pessoais, profissionais e de relacionamento, tanto na área psicológica como na espiritual. Ao mesmo tempo em que o policial sofre as consequências desse trabalho naturalmente estressante, sua família também sofre indiretamente e carece de orientação espiritual por meio de aconselhamento. Esse contexto é propício para a ação restauradora por parte da Igreja, que pode colaborar no tratamento desses problemas de ordem espiritual e pessoal, trabalhando na restauração, capacitação e comprometimento da força policial. Além de ajudar internamente a força policial, a Igreja também pode colaborar em ações comunitárias mais abrangentes para diminuição da violência e criminalidade, problemas que têm as mais variadas e complexas causas.

Diante de tudo isso, a Igreja tem importante papel social ao instaurar regras e princípios cristãos para a instituição policial e a comunidade. Só será possível a restauração da confiança na polícia por parte da comunidade, se for promovido o melhoramento contínuo de sua estrutura com constante capacitação de seus integrantes e dirigentes a partir do suporte e princípios cristãos, com o fundamental apoio da Igreja.

Se Igreja e polícia conseguirem enxergar que, trabalhando juntas, essas instituições podem solucionar muitos problemas das comunidades, poderemos ter, num futuro próximo, vizinhanças vivendo em um ambiente de maior segurança pública. Sendo assim, compete à polícia buscar a colaboração da Igreja, e a Igreja colaborar junto aos policiais militares, auxiliando-os na cura de suas emoções, dramas pessoais e familiares entre tantas outras possibilidades.

Atualmente, polícia e Igreja juntas podem construir e fortalecer parcerias para desenvolvimento e melhoria da segurança pública, onde cada instituição em seu campo de atuação multiplique as possibilidades de identificar e solucionar problemas na comunidade em que atuam. Mas o que se espera da Igreja no ambiente militar?

A IMPORTÂNCIA DA ESPIRITUALIDADE NA GESTÃO DE PESSOAS

O Tenente Coronel PM Luiz Antônio Rosa em sua excelente tese, no Programa de Doutorado em Ciências Policiais de Segurança e Ordem Pública, na PMESP, ressalta essa interface, entre gestão de pessoas e espiritualidade, bem como outras considerações importantes sobre a capelania que abordaremos nesta obra.

As Polícias Militares no Brasil têm o papel constitucional de polícia ostensiva e preservação da ordem pública, uma difícil tarefa diante da sociedade. Toda organização precisa investir em seus profissionais visando a melhoria do serviço prestado, e as polícias militares também se preocupam com isso. A valorização do profissional é fator preponderante para o sucesso da missão. Uma organização com visão de futuro procura manter um clima organizacional positivo visando a excelência na prestação de serviços. E, por sua vez, esse clima muito tem a ver com o estado de espírito, a motivação e comprometimento de seus colaboradores.

O sistema de gestão da organização policial deve se preocupar que o seu público interno esteja sempre motivado em suas três áreas (corpo, alma e espírito), de forma que a sociedade tenha uma prestação de serviço com excelência, nessa área tão importante que cuida da preservação de vidas e de ambientes favoráveis para sobrevivência. A diretiva de Gestão de Pessoas (GESPOL) visa alcançar um clima organizacional favorável por meio de estímulos por recompensas e correção de atitude do policial militar, mas, também inclui acompanhamento médico, odontológico, psicológico, social e religioso.

Essa diretiva visa alcançar o perfeito equilíbrio de bem-estar físico, mental, espiritual e social do policial militar. Na verdade, essa preocupação institucional com o bem-estar do ser humano, enquanto ser integral, harmoniza-se com a visão das grandes organizações que adotam um modelo consistente de excelência em gestão por entender seu grau de importância no sistema de gestão.

Quanto à dimensão espiritual/religiosa: a PMESP, caminhando ao encontro desse ideal, defende e promove a dimensão espiritual como sendo um dos fatores favoráveis ao clima organizacional positivo na gestão de pessoas à semelhança das dimensões física e mental. Por sua vez, o entendimento dessa dimensão se estriba em conectar outros valores superiores ao imprescindível preparo técnico do policial militar a serem considerados.

A questão da espiritualidade é, comprovadamente, relevante e intrínseca a uma série de eventos críticos enfrentados pela Polícia Militar quando gira em torno do moral da tropa. Essa assertiva se comprova, por exemplo, à situação prevista nas normas de procedimento para os casos de morte de policiais militares, publicadas no Boletim Geral PM n.º 093/13, item "h" das prescrições diversas, em que "condicionada à vontade da família, poderá ser realizado contato com a Associação dos Policiais Militares Evangélicos do Estado de São Paulo...".

No caso específico de falecimento de policial militar, a assistência prestada aos seus familiares limita-se, via de regra, a lhes informar sobre os direitos e benefícios aos quais fazem jus. Infelizmente, não se aborda a importância dessa assistência, mas ela, certamente, poderia ser complementada com ações que conduzissem a uma reflexão espiritual mais duradoura, dado ao trauma ou a fragilidade emocional pelos quais passam os referidos familiares e até mesmo seus companheiros de farda. Atualmente, através do *Projeto Polícia e Igreja*, os PMs de Cristo têm sido acionados com frequência para apoio espiritual aos familiares de PMs mortos.

O tema espiritualidade é, sem dúvida, de difícil abordagem pois, muito se confunde com religiosidade ou com denominação religiosa e, portanto, de natureza personalíssima. Mas o tema espiritualidade sobrepuja esse entendimento, pois, cada vez mais, a comunidade científica se interessa em discuti-lo e aplicá-lo, principalmente os profissionais da área médica e da psicologia. A Organização mundial de Saúde (OMS), nessa mesma visão, definiu, no ano de 1998, que "saúde é um estado dinâmico de completo bem-estar físico, mental, espiritual e social, e não meramente a ausência de doença ou enfermidade".

Hoje, na Polícia Militar do Estado de São Paulo está em vigor a PORTARIA CMT G PM1-11/02/17, DE 13Mar17

(Anexo C), que trata sobre a atuação de ministros religiosos nas dependências dos quartéis, mas que, a meu ver, precisa de ajustes para consolidar a aplicação do *Projeto Polícia e Igreja*, que tem sido permitido pela maioria dos Comandantes.

A IMPORTÂNCIA DA ASSISTÊNCIA ESPIRITUAL AOS POLICIAIS MILITARES

O estilo de vida adotado por muitos policiais tem causado sérios prejuízos à sua vida pessoal e ao relacionamento interpessoal. Esse estilo de vida se caracteriza por reflexos graves em sua qualidade de vida, ao passo que simples mudanças de hábito implicariam no desfrutar de sua vida com mais intensidade.

Os maus hábitos adotados pelo policial militar incluem, além da falta regular na prática de exercícios físicos, o gozo de momentos de descontração e de lazer, o consumo de álcool e de outras drogas para afastar as crises de ansiedade e de depressão, a interferência do trabalho na qualidade de vida, de forma a prejudicar sua saúde física e mental. Todos esses elementos concorrem para desestabilizar nosso organismo e nessa tentativa de equilibrá-lo origina-se o estresse.

Os desgastes emocionais e psicológicos, além de outros fatores, podem levar o indivíduo a um estado de tensão emocional e estresse crônicos vindo a manifestar a chamada Síndrome de Burnout, ou síndrome do esgotamento profissional, que, segundo Varela (2011) "se manifesta nas pessoas cuja profissão exige envolvimento interpessoal direto e intenso".

Nesse sentido a dimensão espiritual pode ajudar muito, pois, conforme já mencionado, estudos científicos têm comprovado a melhora na saúde mental das pessoas.

Número de casos de Suicídios na PMESP de 2015 a 2019

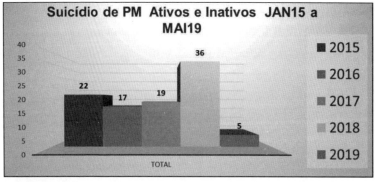

Fonte: CIPM, 2019.

Silva, esclarece que, segundo a OMS, os fatores de proteção reduzem o risco de suicídio. São considerados isoladores contra o suicídio: o apoio da família, de amigos e de outros relacionamentos significativos; crenças religiosas, culturais e étnicas; envolvimento na comunidade; uma vida social satisfatória; integração social como, por exemplo, através do trabalho e do uso construtivo do tempo de lazer; acesso a serviços e cuidados de saúde mental.

O Tenente Coronel Alessandro da Silva[24] acredita que a ampliação do *Projeto Polícia e Igreja*, como exporemos no próximo capítulo, com a realização de cursos de família na PMESP, fortalecerá a saúde espiritual do nosso efetivo e, consequentemente, poderemos minimizar esse quadro alarmante de desequilíbrio emocional e espiritual existente na tropa, minimizando os conflitos familiares e os suicídios.

É comum conceber a ideia de que a assistência espiritual representa tão somente um ato religioso relacionado

---

24 Alessandro da Silva, Tenente Coronel do Corpo de Bombeiros da Polícia Militar do estado de São Paulo, pertencente ao efetivo do 18° Grupamento de Bombeiros.

a determinada crença, ou, em outras palavras, a prática de determinada doutrina de uma igreja específica. Mas a assistência espiritual é também uma manifestação de amor, de acolhimento, de altruísmo, de compaixão e de todos os demais valores a serem oferecidos quando se objetiva a felicidade do próximo. A assistência espiritual está para a capelania, assim como o corpo está para a alma.

As corporações policiais carecem de instrumentos institucionais que possam atuar sobre tal dimensão de forma eficiente e eficaz a ponto de atingir a todos os policiais militares a ela incorporados.

PARTE 2

A EXPERIÊNCIA NA IMPLANTAÇÃO DA CAPELANIA MILITAR VOLUNTÁRIA PELA ASSOCIAÇÃO PMS DE CRISTO

CAPÍTULO 5
A ASSOCIAÇÃO DOS POLICIAIS MILITARES EVANGÉLICOS DO ESTADO DE SÃO PAULO E O PROJETO POLÍCIA E IGREJA

Este capítulo é onde se encontra o principal propósito desta obra: servir de modelo e parâmetro para implantação desta área da capelania nas demais Polícias Militares dos estados por meio de suas Associações ou Uniões Evangélicas de militares ou mesmo nas unidades das Forças Armadas que já possuem capelania institucional.

A Associação dos Policiais Militares Evangélicos do Estado de São Paulo, nacionalmente conhecida como PMs de Cristo, iniciou seus trabalhos na Academia de Polícia Militar do Barro Branco (APMBB)[25], no bairro da Água Fria, Zona Norte de São Paulo.

Na academia, cadetes da PM começaram a se reunir semanalmente para compartilhar suas dificuldades, experiências pessoais com Deus, cultuá-lo e meditar em Sua Palavra. Em 1992, como essa iniciativa se tornou constante e, inspirados na história bíblica de Neemias (homem que mobilizou as famílias de Israel para a reconstrução dos muros de Jerusalém), 74 policiais militares, de várias denominações evangélicas, uniram-se para oficialmente fundarem a Associação, conhecida como PMs de Cristo (*Officers of Christ*) em 25 de junho daquele ano.

A Associação é Interdenominacional, não vinculada a qualquer Igreja Protestante/Evangélica, e é formada por policiais militares e civis de diversas denominações que, em parceria com a comunidade evangélica, colaboradores e voluntários atuam em favor da valorização da figura humana do policial, bombeiro e seus familiares.

Para guiar suas atividades, a Associação definiu como identidade organizacional:

- **MISSÃO:** valorizar a figura humana do policial, assistindo emocional e espiritualmente a família Policial Militar com base na mensagem, princípios e valores cristãos. Tudo isso em harmonia com a missão da Polícia Militar do Estado de São Paulo e em parceria com a comunidade cristã evangélica e com os associados.

---

25 A Academia de Polícia Militar do Barro Branco (APMBB) é o estabelecimento de ensino superior localizada na capital do estado, destinado a formar e aperfeiçoar os Oficiais da Polícia Militar do estado de São Paulo.

- **VISÃO:** ser referência dentre as demais associações no Brasil pela representatividade e interlocução com as comunidades cristãs evangélicas, difusão de ações policiais baseadas na ética e valores cristãos, gestão pela excelência e serviço de capelania.
- **VALORES:** amor, paz, esperança, fé cristã, ética, perdão, ousadia, integridade, liberdade, respeito às Escrituras, tolerância, serviço voluntário, justiça, unidade e defesa da vida.

Os PMs de Cristo atuam em todo o estado de São Paulo por meio de Núcleos nas unidades policiais, onde capelães voluntários, militares ou civis, realizam, em parceria com os líderes locais (geralmente policiais da ativa ou reserva), as reuniões semanais denominadas "Momento com Deus". Nessas reuniões, há reflexões bíblicas e orações, que visam o fortalecimento da fé, a melhoria do ambiente de trabalho e a qualidade de vida. Além disso, promovem eventos, como cultos de ações de graças, vigílias, campanhas de oração, encontros temáticos, café da manhã ou da tarde para policiais, entre outras ações, em parceria com as igrejas e lideranças evangélicas.

Pioneiros nesta tarefa, os PMs de Cristo conquistaram o respeito e o reconhecimento do Comando da Polícia Militar, bem como das mais expressivas lideranças religiosas e civis de todo o estado e país pelos valorosos serviços prestados à sociedade. Pastores e obreiros são treinados pela Associação para prestar assistência espiritual, emocional e a mobilizar suas igrejas para interagir de forma produtiva com a Polícia Militar, visando ao bem comum e à melhoria da qualidade de vida.

Ao longo dos mais de 27 anos de fundação, a Associação conquistou o reconhecimento e respeito pelo trabalho de capelania voluntária junto à PM. Atualmente, em todo o estado de São Paulo, comemora-se em 25 de junho, data de fundação da Associação, o Dia dos PMs de Cristo, inserido no calendário estadual por meio da lei estadual n° 14.798/12, de autoria do deputado José Bittencourt, e sancionada pelo governador Geraldo Alckmin.

A partir de São Paulo, capital, e em outras cidades, o legislativo local teve a mesma iniciativa de incorporar no calendário municipal o Dia do PMs de Cristo. Em São José do Rio Preto, SP, por meio da Lei N.° 11.280, de 11 de dezembro de 2012, foi instituído o Dia Municipal dos PMs de Cristo, de iniciativa do vereador Aparecido Carlos dos Santos (Carlos do JC).

PROJETO POLÍCIA E IGREJA

Em 2015, o então comandante geral da PMESP, Cel PM Ricardo Gambaroni, convidou a Diretoria dos PMs de Cristo, tendo como seu presidente à época o Cel PM Alexandre Marcondes Terra, já na reserva, para tratar da expansão dos serviços religiosos prestados pela Associação para todas as Organizações Policiais Militares (OPM) do Estado. Nesta reunião, na sede do Comando Geral, Terra foi acompanhado de membros da Diretoria e pastores capelães.

Esse fato trouxe grande motivação, entusiasmo e um altíssimo desafio para a Associação, devido à confiança depositada pelo então Comandante Geral, bem como a expansão para todo o Estado. Na capital, já havia alguns pastores conectados com os trabalhos da Associação, realizando os "Momentos com Deus" e, no interior, somente o trabalho realizado pelos policiais evangélicos líderes de Núcleos.

A Associação baseou-se no livro *Polícia e Igreja*[26] com o propósito de continuar realizando vários projetos e ações, para alcançar cada vez mais a família policial-militar e aproximar a comunidade evangélica da Polícia nas unidades policiais do estado de São Paulo. Em 8 de outubro de 2015, no auditório do Centro de Comunicações da Polícia, com a presença do Cmt Geral, Oficiais e Praças, pastores e lideranças evangélicas de todo o estado de São Paulo foi lançado oficialmente o *Projeto Polícia e Igreja*.

Reunião de Lançamento do *Projeto Polícia e Igreja*
Fonte: Associação PMs de Cristo, 2015.

Tendo como base os preceitos de Polícia Comunitária, através deste projeto, os PMs de Cristo alcançaram, em 2017, todas as 22 regiões administrativas do estado, divididas em comandos regionais do interior, Grande São Paulo e capital. São mais de 500 igrejas de diversas denominações evangélicas que participam do projeto de forma voluntária. Até meados de 2021, mais de 1.300 voluntários realizaram o

---

26 ALVES, Evandro Teixeira. *A polícia e a igreja: uma parceria para o desenvolvimento da comunidade e o combate à violência*. 1.ª ed. Pompéia: Universidade da Família, 2012.

recadastramento por meio de formulário Google. Estima-se que esse número seja 10% superior, pelo fato de quem nem todos ainda o efetuaram.

Para a implantação nas diversas regiões, inicialmente, é feita uma visita ao Comandante para explicar os objetivos do projeto, deixar claro que não se pretende fazer proselitismos nas reuniões, que se respeitará todas as convicções religiosas e crenças e que ainda as reuniões são de caráter voluntário, entre outros assuntos esclarecedores sobre a visão do projeto. A partir daí, os PMs de Cristo, por meio de parceria com Associações de algumas denominações evangélicas, recebem uma relação de telefones dos pastores daquela determinada área e começam a fazer os contatos via fone, explicando a visão e objetivos do projeto e já os preparando para uma reunião geral com os Oficiais da PM local. Vencida esta parte e com um número expressivo de líderes evangélicos, acerta-se a agenda com o comandante e fica marcada a reunião.

Nessas reuniões, geralmente, os Comandantes reúnem todos os Oficiais da área, para que um representante dos PMs de Cristo faça a apresentação padrão[27] sobre o projeto. Posteriormente, o comandante, geralmente o Coronel da área, determina que seus Oficiais se apresentam, dizendo a área de atuação, assim, os pastores já os conhecem, bem como já se posicionam para definição de quem será o seu "comandante". Essa definição dos pastores ou obreiros voluntários onde servirão depende das variáveis de proximidade da área geográfica onde reside ou onde está localizada a igreja. Isto também pode ser feito após a reunião, por

---

27 Esta apresentação pode ser solicitada pelo e-mail faleconosco@pmsdecristo.org.br

meio do coordenador regional ou local dos PMs de Cristo. Ao final, um pastor faz oração por toda a liderança policial da área.

O objetivo do projeto é estabelecer um relacionamento de confiança e cooperação entre as instituições Igreja e Polícia Militar, que produza resultados relevantes, visando à valorização do policial como ser humano, melhoria da motivação profissional, saúde espiritual e emocional do PM. Além disso tudo objetivamos ter um profissional de segurança pública exercendo suas atividades em equilíbrio consigo mesmo, em harmonia com sua família e com um saudável relacionamento com seus pares e superiores (clima organizacional saudável).

NA PRIMEIRA FASE DO PROJETO, o foco é cooperar com os Comandantes na gestão de recursos humanos, oferecendo assistência espiritual e emocional, por meio de serviços de capelania voluntária, como atividade complementar e de apoio ao sistema de saúde mental da Corporação.

NUMA SEGUNDA FASE, com a consolidação do projeto, a proposta é estender a força do voluntariado da Igreja para os desafios comunitários, atuando em apoio a PMESP, como por exemplo na mediação de conflitos e crises sociais, principalmente ligadas a famílias vulneráveis, conflitos entre vizinhos e em escolas com problemas de violência e crimes.

A Associação PMs de Cristo, por meio do *Projeto Polícia e Igreja*, tem como expectativa os seguintes resultados na vida diária do policial:

- Desempenhar as funções de forma tranquila;
- Possibilitar a aplicação das normas operacionais padrão em nível de excelência;
- Respeitar o cidadão de bem e o infrator da lei;
- Criar desejo para voltar ao seu lar e desempenhar suas funções de sacerdote;
- Desenvolver um nível de espiritualidade sadia e contagiante;
- Conhecer a pessoa e o amor do Senhor Jesus Cristo e passar a frequentar uma Igreja cristã, para ter um ambiente propício para o desenvolvimento de todas as expectativas acima.

Os pastores e cooperadores são os principais braços da Associação, pois dedicam-se a prestar apoio aos policiais no seu dia a dia. Dentre as atividades realizadas, citamos a principais: aconselhamentos, palestras, visitas hospitalares, casamentos, ofícios fúnebres, dentre outras atividades.

A FORMAÇÃO DOS CAPELÃES

De 2015 a 2017, a Associação PMs de Cristo selecionou voluntários que realizaram um Curso de EAD (Ensino a Distância), através da Universidade Evangélica de Anápolis — Unievangélica, sobre capelania militar. Como programação final de conclusão de curso, foram estabelecidos dois dias com aulas práticas (geralmente nas sextas-feiras à noite e sábados o dia todo) conduzidas pelos PMs de Cristo, com formatura de encerramento do curso. Hoje são aproximadamente 200 capelães voluntários que realizaram o curso. Os demais voluntários que não realizaram este curso, denominamos de capelães auxiliares, porém têm de passar por algum tipo de treinamento, dependendo do coordenador regional PMs de Cristo. Os custos pelo curso ficam a cargo dos próprios interessados, com a ajuda quando possível de suas respectivas igrejas.

A diretoria do biênio 2018–2020 tinha como objetivos organizar um regulamento próprio para a capelania voluntária e um curso por plataforma EAD, a fim de capacitar todos os capelães, promovendo, desta maneira, uma padronização dos conhecimentos, mais voltados para a área policial militar, bem como diminuir custos. A intenção era também disponibilizar para todas as demais Associações dos estados brasileiros.

Atualmente, somente os capelães, com a formação EAD, podem usar o uniforme idealizado pela associação. Há ainda também a necessidade de a Associação estabelecer um Estatuto para a capelania voluntária.

AÇÕES DO PROJETO POLÍCIA E IGREJA

O objetivo do *Projeto Polícia e Igreja* é estabelecer um relacionamento de confiança e colaboração entre as instituições Igreja e Polícia Militar. Formando esses laços, resultados significativos serão observados, sempre de acordo com a filosofia de polícia comunitária, visando a valorização do policial como ser humano, melhoria da motivação profissional, saúde espiritual e emocional do policial.

Por meio do serviço de assistência espiritual e emocional, e de serviços de capelania voluntária, busca-se um policial com mais equilíbrio, paz interior, harmonia com sua família e saudável relacionamento profissional e comunitário, e com consciência plena da sua nobre e divina missão de proteger e servir a sociedade. Para que esses objetivos sejam alcançados, o serviço de capelania voluntária desenvolve as seguintes ações:

1) BREVES REFLEXÕES

O nomeado "Momento com Deus", compreende leitura bíblica ou devocionais diários e oração, durante a preleção ou instrução ao efetivo que entra de serviço:

- Tempo de 5 a 10 minutos. Não poderá extrapolar esse tempo, tendo em vista que não poderá prejudicar a rendição dos turnos;
- Nessa breve reflexão não poderá haver discussões doutrinárias e particularidades de cada igreja. Não é obrigatória a participação do policial na reflexão.

2) ACONSELHAMENTO INDIVIDUAL OU DE CASAIS

- Os pastores podem oferecer aos policiais aconselhamentos individuais ou de casal;
- Caso haja algum pedido, deverá ser agendado na sede da própria Cia., ou em outro lugar, conforme entendimento entre os pastores e os policiais solicitantes.

Há muitos policiais com sérios problemas familiares, como vícios em álcool e que precisam de um direcionamento espiritual.

3) VISITAS A POLICIAIS MILITARES ENFERMOS

- Os pastores e cooperadores poderão oferecer aos Comandantes a possibilidade de realizarem visitas a policiais militares ou familiares enfermos;

- Caso os PM a serem visitados residam muito longe dos bairros das respectivas igrejas, os pastores poderão solicitar que a visita seja feita por outros pastores de suas respectivas denominações que residam próximo ao local onde devam ocorrer as visitas;
- Sempre é conveniente confirmar se o policial ou familiar deseja a visita.

4) REALIZAÇÃO DE OFÍCIOS FÚNEBRES

- Os pastores ficarão à disposição dos Comandantes para serem acionados para realização da cerimônia religiosa de sepultamento de policiais ou familiares;
- Da mesma forma, se a cerimônia for realizada em local muito distante das igrejas, os pastores poderão ajustar com outros pastores que residam mais próximo da localidade.

5) REFLEXÃO DURANTE AS REUNIÕES MENSAIS DO EFETIVO DAS COMPANHIAS

- Os pastores poderão se colocar à disposição para ministrarem uma reflexão durante as reuniões programadas pelos Comandantes, sendo que, neste caso, o tempo poderá exceder os 10 minutos. Inclusive poderão oferecer as instalações de suas igrejas para realização da reunião, caso estas comportem o efetivo da Cia;
- Caso haja condição financeira, ocasionalmente, poderão oferecer um café da manhã para o efetivo no dia da reunião mensal. Essa é uma grande oportunidade para melhor aproximação dos policiais com a igreja.

6) PARTICIPAÇÃO DE REUNIÕES DO CONSELHO COMUNITÁRIO DE SEGURANÇA (CONSEG)

- Os pastores e cooperadores poderão participar das reuniões dos Conselhos Comunitários de Segurança, tomando conhecimento das datas e locais com os Comandantes de Cia.

7) PROGRAMAÇÕES ESPECIAIS

As igrejas, através dos seus departamentos femininos, poderão programar atividades com as policiais femininas (palestras com oferecimento de um saboroso café ou chá etc.).

8) PROGRAMA *PIT STOP*

Os pastores poderão convidar os policiais para um *Pit Stop* nas igrejas, quando em patrulhamento, a fim de tomarem um café, água, uso de sanitários. Também é uma boa estratégia de aproximação do policial ao ambiente da igreja.

9) CULTOS ESPECIAIS DE AÇÕES DE GRAÇAS OU VIGÍLIAS

- As igrejas poderão promover cultos especiais ou vigílias pela segurança pública, convidando os policiais e familiares. Nesses cultos ou vigílias os pastores podem solicitar aos Comandantes que apresentem seus pedidos de orações;
- Nos cultos especiais os pastores podem eventualmente homenagear policiais militares destaques do mês das respectivas Companhias.

10) PARTICIPAÇÃO EM SOLENIDADES MILITARES

- Os pastores podem ser convidados para participar de solenidades militares, ocasião em que poderão, se for o caso, trazer uma breve palavra ao efetivo, abençoar policiais condecorados, participando também de posse de comandantes.

11) MEDIAÇÃO DE CONFLITOS

- Os pastores que compõem o *Projeto Polícia e Igreja* podem se colocar à disposição dos Comandantes para mediar conflitos. Algumas vezes, a polícia é chamada para o atendimento de ocorrências que não são de natureza policial e que podem ser resolvidas por um aconselhamento pastoral. Exemplo: desinteligência entre casais, filhos em envolvimentos com drogas, desentendimentos entre vizinhos etc.;
- Há um caso real de uma ocorrência em que as viaturas foram solicitadas para atendimento de uma ocorrência de indivíduo tentando tirar sua vida saltando da ponte sobre o Rio Piracicaba. O pastor Robson Binoto estava no momento na Unidade Policial e se prontificou em ir auxiliar os PM. No local, o pastor conseguiu convencer o indivíduo a abandonar a ideia de suicídio. O potencial suicida foi socorrido no Hospital pelos bombeiros[28].

---

28 FIORAVANTI, Rafael. Jornal Pinarot: *Polícia Militar negocia e evita que homem se jogue de ponte em Piracicaba* (SP). Disponível em:< https://www.piranot.com.br/2018/10/03/noticias/mundo-noticias/brasil-noticias/estado-brasil-noticias/sao-paulo-brasil-noticias/localidade/piracicaba-e-regiao/piracicaba/policia-militar-negocia-e-evita-que-homem-se-jogue-de-ponte-em-piracicaba-sp/>

RESULTADOS DO PROJETO POLÍCIA E IGREJA

Para fins de análise dos resultados alcançados pelo projeto, a elaboração de relatórios é essencial, para um melhor desenvolvimento e aperfeiçoamento das ações desenvolvidas dentro das unidades policiais. A partir de junho de 2017, a coordenação do projeto elaborou um relatório em plataforma do *Google*, enviando via *WhatsApp*, para que os pastores e obreiros pudessem registrar suas atividades e assim pudessem acompanhar o que vem acontecendo tanto em relação à qualidade das atividades, quanto à quantidade numérica. Esses dados numéricos têm sido enviados aos comandantes das Unidades Policiais Militares.

a) Resultados projeto capital e grande São Paulo

RESULTADOS DO PROJETO POLÍCIA E IGREJA
Capital e Grande São Paulo

COMANDO	CIDADE	RELATÓRIOS
CPA/M-1	Centro	1142
CPA/M-2	Zona Sul 1	1970
CPA/M-3	Zona Norte	3237
CPA/M-4	Zona Leste 2	2365
CPA/M-5	Zona Oeste	2247
CPA/M-6	ABCD	5037
CPA/M-7	Guarulhos e região	1523
CPA/M-8	Osasco e região	4863
CPA/M-9	Zona Leste 3	605
CPA/M-10	Zona Sul 2	2181
CPA/M-11	Zona Leste 1	1022
CPA/M-12	Mogi das Cruzes e região	1466

•DE 07 DE JUNHO de 2017 À 07 DE ABRIL DE 2021

Fonte: Associação PMs de Cristo, abril/2021.

b) Resultados projeto interior

RESULTADOS DO PROJETO POLÍCIA E IGREJA
INTERIOR

COMANDO	CIDADE	RELATÓRIOS
CPI-1	S.J.dos Campos e região	2578
CPI-2	Campinas e região	3855
CPI-3	Ribeirão Preto e região	5088
CPI-4	Bauru e regiao	3443
CPI-5	S.J.do Rio Preto e regiao	2197
CPI-6	Santos e região	3468
CPI-7	Sorocaba e região	2393
CPI-8	Presidente Prudente e região	2518
CPI-9	Piracicaba e região	4631
CPI-10	Araçatuba e região	1206

*DE 07 DE JUNHO de 2017 À 07 DE ABRIL DE 2021

Fonte: Associação PMs de Cristo, abril/2021.

c) Resultados projeto relatórios enviados

RESULTADOS DO PROJETO POLÍCIA E IGREJA

COMANDO	RELATÓRIOS
UNIDADES ADMINISTRATIVAS	94
UNIDADES DE ENSINO	232
UNIDADES DE SAÚDE	280
UNIDADE PRISIONAL MILITAR	227
UNIDADES DO CHOQUE	295
OUTRAS FORÇAS DE SEGURANÇA	278

TOTAL DE RELATÓRIOS – 61.717

*DE 07 DE JUNHO de 2017 À 07 DE ABRIL 2021

Fonte: Associação PMs de Cristo, abril/2021.

CAPÍTULO 6
A EXPERIÊNCIA REGIONAL DO PROJETO POLÍCIA E IGREJA

HISTÓRICO DA COORDENAÇÃO REGIONAL DOS PMS DE CRISTO E DA CAPELANIA POLICIAL EM SÃO JOSÉ DO RIO PRETO E REGIÃO

Com o intuito de aproximar mais o leitor da realidade do projeto, a experiência do projeto na região de São José do Rio Preto oferece mais subsídios e fortalecimento para a implantação da capelania policial militar.

Em 1993, um ano após a criação da Associação, foi criado o Núcleo dos PMs de Cristo em Rio Preto, cujo líder era Tenente Daniel Vaz de Lima. Na época, o núcleo era frequentado por policiais do 17.º BPM-I e do CPI-5 e alguns bombeiros, entre eles o Tenente Lamin. A reunião ocorria, semanalmente, em um prédio na região central da cidade.

Em 1995, o núcleo passou a reunir-se na casa do Tenente Daniel. Mas, em meados de 1997, enfraqueceu-se e encerrou as atividades.

Por volta de 2008, o Cabo Neves, a Cabo Irmaíde e a Subtenente Zanelato retomaram as atividades do núcleo com muito entusiasmo, agora na sede do CPI-5. Como trabalhavam juntos na unidade integrada de saúde, passaram a conhecer muitos policiais e seus diversos problemas.

Assim, em conjunto com o Cabo Neves ("Nevinho"), conhecido por todos como um evangelista, anunciaram a Palavra de Deus a muitos policiais. O caso mais emblemático foi o do Cabo Martins, alcoolista durante muitos anos, que trabalhava realizando serviços de faxina no quartel e estava desenganado pelos médicos, sendo até mesmo dispensado do hospital para falecer em casa, devido ao estágio avançado da doença no fígado. No entanto, estes irmãos já vinham apoiando espiritualmente o "Martinzão", e aprouve a Deus realizar uma cura espetacular na vida dele, libertando-o inclusive da dependência de medicamentos.

A COORDENAÇÃO REGIONAL DOS PMS DE CRISTO

Em 2010, já havia dois Núcleos na cidade, um no 17.º BPM-I e outro no 52.º BPM-I. Em 2011, o Capitão Joel, presidente da Associação, veio em missão a São José do Rio Preto e aproveitou para reunir os evangélicos em um teatro municipal. Nesta oportunidade, todos foram muito estimulados para avançar com o trabalho para a região.

Na noite de 28 de janeiro de 2013, reuniu-se um grupo de policiais cristãos evangélicos de Rio Preto e região no auditório do 52.º BPMI. Nessa reunião, decidiu-se criar a coordenadoria regional, onde o Tenente pastor Braz Brait de Monte Aprazível, SP, e o Capelão Fernando Gomes Netto consagraram o Major PM Lamin e o Sargento Franco como coordenador e coordenador adjunto, respectivamente.

Entre 2011 e 2014, foram criados vários Núcleos pela região, conforme imagem abaixo.

Núcleos dos PMs de Cristo na região de S. J. Rio Preto – SP

As cidades acima representavam os Núcleos PMs de Cristo, onde foram realizados cultos de Ações de Graças, para marcar a implantação e início com autoridades militares, civis e eclesiásticas do município.

Jornal da região sobre implantação do núcleo de Jales (SP)

O trabalho do coordenador regional era fortalecer os líderes, por meio de visitas, contatos telefônicos, distribuição de Bíblias e livro devocional com capas personalizadas.

Em São José do Rio Preto, são realizados 3 (três) cultos anuais: o culto da Páscoa dos Militares, de Ações de graças pelo Dia do Soldado (agosto) e de Ação de Graças pelo aniversário da PMESP (dezembro). Esses cultos são oportunidades dos líderes de Núcleos da região se encontrarem para comunhão e adoração, bem como uma forma evangelística, uma vez que o convite é distribuído em todos os quartéis de Rio Preto. Geralmente, nesses cultos, as ofertas levantadas são destinadas à Associação, mediante um contato prévio e autorização do pastor.

A liturgia do culto é totalmente feita pelos PMs de Cristo e fica a critério do pastor realizar a pregação ou passar a honra para um membro dos PMs de Cristo. Procura-se sempre levar um policial, evangélico ou não, para apresentar um testemunho de vida, na qual Deus agiu de maneira poderosa. A escolha da igreja, atualmente, é direcionada para as igrejas dos capelães. Esses cultos também são excelentes oportunidades de os fiéis conhecerem o ministério que seus pastores desenvolvem na PMESP, também para o estreitamento do relacionamento entre a polícia e a comunidade (polícia comunitária) e quebra de paradigmas, pois o preconceito infelizmente existe até mesmo nas comunidades religiosas.

Em um desses cultos, no qual eu realizei a liturgia, logo no início, creio que Deus me conduziu a pedir perdão à comunidade por eventual mau atendimento de policiais, justificando a pressão e o estresse decorrentes desta profissão. Após o encerramento do culto, uma senhora se aproximou de mim e me disse que tinha tido um dissabor no atendimento da polícia, anos atrás, e que naquele momento em que falei, ela perdoou aquele policial e mudara a sua visão sobre a Polícia Militar e ainda passaria a ser uma intercessora.

Em novembro de 2014, visando à integração regional, ao fortalecimento e ao aperfeiçoamento da liderança, foi realizado um seminário denominado *Liderança Carismática*, na sede da Primeira Igreja Presbiteriana Independente de São José do Rio Preto. Participaram líderes de Araçatuba, Campinas, Marília, Mirassol, Monte Aprazível, Osasco, São Carlos, São Paulo, Rio Preto e a participação especial do Subtenente Rota da Polícia Militar de Santa Catarina e membro da diretoria da União dos Militares Cristão Evangélicos do Brasil — UMCEB. O pastor titular da Primeira IPI, Mário Sérgio de Góis, também ministrou à liderança.

Em dezembro de 2014, juntamente com uma delegação da UMCEB, o coordenador regional participou da Reunião mundial da Associação Mundial dos Militares Cristãos — AMCF, na cidade do Cabo (*Capetown*) na África do Sul, reunião que é realizada a cada 10 anos.

Delegação da UMCEB com estados de AM, BA, ES, RJ, PA, PE, SE, SC e SP

Em abril de 2015, o Coronel Terra foi convidado pelo *Sentinel Group* a participar de um seminário na cidade do Cabo. Esse grupo liderado pelo irmão americano George Otis Junior é responsável pela divulgação de avivamentos e movimentos sobrenaturais de Deus em cidades, comunidades e países e os divulga por meio de videodocumentários em uma séria denominada *Transformation* (Transformação, que pode ser acessado pelo *YouTube*). A conexão do grupo com os PMs de Cristo ocorreu em meados de 2000, ao saberem do que ocorreu com a PMESP quando dos ataques sofridos pelo crime organizado em 1996[29] e quão importante foi o papel da Associação junto com comandantes para reverter esse quadro. Em 2013, foi desenvolvido o documentário *Uma Força para Mudança*, cujo trailer pode ser assistido pela plataforma de compartilhamento de vídeos *YouTube* e adquirido pela loja virtual da Universidade da Família.

Na impossibilidade de o presidente, Coronel Terra, participar, ele convidou o coordenador regional de São José do Rio Preto para ir representá-lo, explicando que haveria a necessidade de expor uma palestra na língua inglesa sobre o contexto religioso, social e político da PMESP e do estado de São Paulo, em virtude da ação dos PMs de Cristo narrada por meio daquele documentário.

---

29 Em 12 de maio de 2006, uma sexta-feira, foi um dia de medo e caos durante a onda de ataques do PCC — Primeiro Comando da Capital —, facção criminosa, contra alvos policiais, ônibus e prédios públicos. Bases da Polícia Militar e do Corpo de Bombeiros, agentes penitenciários e policiais de folga foram atacados em ações orquestradas a partir da facção que age dentro e fora dos presídios. Houve resposta das forças de segurança e o resultado, entre 12 e 21 de maio, foi a morte de 564 pessoas no estado, sendo 59 policiais.

Exposição para policiais sul-africanos.

Outra ação em que a coordenadoria obteve êxito foi a parceria com o Conselho de Pastores para orar pela nação brasileira em dias de feriado cívico, como Dia da Independência, da Proclamação da República, aniversário da cidade, em frente a prédios públicos como a prefeitura municipal e o fórum de justiça. São realizados atos de intercessão pelas várias áreas de influência do país (foi adotado o modelo de intercessão do *Projeto Pátria Amada*).

Houve ainda muitos outros eventos e várias ações envolvendo a coordenadoria regional, bem como muitos outros policiais que são protagonistas nesta coordenação, em especial, todos os líderes de Núcleos.

IMPLANTAÇÃO DO PROJETO POLÍCIA E IGREJA

O coordenador regional também esteve na reunião de lançamento do *Projeto Polícia e Igreja* em São Paulo e agora tinha o desafio de também implantar em Rio Preto e região. A associação esperava que essa região fosse a primeira do interior do estado, devido ao dinamismo de seus associados.

Mais uma vez, a pastora Dirce, encarregada das tratativas do projeto na sede da associação, colaborou fazendo contatos, via telefone, com pastores de diversas denominações discorrendo sobre o *Projeto Polícia e Igreja*. O coordenador também acionou sua rede de contatos, e assim foi marcada a primeira reunião com os pastores para esclarecimentos, onde o Coronel Terra também esteve presente. Após conversas com a Coronel Helena, Cmt do CPI-5, foi marcada a data de implantação, ocorrendo então no dia 1 de agosto de 2016. Nessa oportunidade estavam presentes os Oficiais de Rio Preto e região, bem como os pastores e obreiros voluntários para a capelania policial.

O projeto iniciou-se com cerca de 15 pastores nas seguintes unidades: Polícia Ambiental, Grupamento Aéreo, Bombeiros e Polícia Rodoviária, além da unidade de policiamento do 17.º BPMI. A área do CPI-5 é formada por este Batalhão e pelos 16.º, 30.º e 52.º Batalhões. Estes últimos batalhões eram nosso alvo para a expansão do projeto a médio prazo.

Uma experiência marcante na região foi que, devido a mudanças de comandos, alguns comandantes não abriram as portas ou não viabilizaram o trabalho da capelania no horário de troca das guarnições, às 6 horas, nem no horário do expediente administrativo, pois evocavam a Portaria CMT G PM1-11/02/17, de 13 de março de 2017, que veda o trabalho religioso no horário de expediente (anexo C). No entanto, em Rio Preto, o comandante do 17.º Batalhão, Tenente Coronel Fábio Rogério Cândido, sustentado pelo que reza o art. 19, parágrafo I da CF, abriu para o trabalho dos capelães tendo em vista a relevância das palestras para o seu efetivo. E ele pareceu estar correto, pois pela pesquisa de opinião, demonstrada mais adiante, foi apontado o apreço dos policiais pelo trabalho dos pastores capelães voluntários. Desde a implantação até meados de 2020, fazem parte do projeto na área da coordenadoria 60 pastores, pastoras e obreiros voluntários nas unidades policiais.

Além desses quartéis na cidade de Rio Preto, há capelães nos bombeiros e policiamento nos municípios de Mirassol, José Bonifácio, Bady Bassit, Fernandópolis, Jales, Catanduva, Novais, Pindorama, Santa Adélia.

A partir da implantação, outros pastores e obreiros têm agregado ao projeto, seja por meio de indicação dos que já estão dentro, ou por meio de divulgação junto ao Conselho de Pastores e reuniões das Associações de igrejas.

Para ingressar no projeto, há a necessidade de se ouvir o chamado de Deus (EF 1:17), a fim de não haver desistências no meio do caminho. Além disso, os candidatos a capelão têm que ter em mente que esse trabalho é de semeadura, crendo em esperança de que esta promessa bíblica se cumpra algum dia:

"Assim como a chuva e a neve descem dos céus
e não voltam para eles sem regarem a terra e
fazerem-na brotar e florescer, para ela produzir
semente para o semeador e pão para o que come,
assim também ocorre com a palavra que sai da
minha boca: ela não voltará para mim vazia, mas
fará o que desejo e atingirá o propósito para
o qual a enviei". —ISAÍAS 55:10-11 NVI

TREINAMENTO DE CAPACITAÇÃO — UMA PROPOSTA

Sempre que há 5 ou mais candidatos, são organizados treinamentos de 4 horas aproximadamente para eles. Capelães que já estão na caminhada são convidados para trazer fortalecimento e edificação por meio das experiências vivenciadas.

1. O treinamento já começa antecipadamente por meio do grupo de *WhatsApp* "Candidatos à capelania", onde são passados links de vídeos os quais estão no canal do *Youtube* "Carlos Lamin"[30] (Apresentação do *Projeto Polícia e Igreja* e Orientações aos capelães do *Projeto Polícia e Igreja*), aos quais os candidatos são estimulados a assistir como parte do treinamento. No entanto, eles são apresentados novamente por meio de *slides* em *powerpoint*. Essa é uma oportunidade ímpar para a instrução e aprendizado, pois muitas perguntas surgem e a experiência de caserna do instrutor é de vital importância para o compartilhamento. Essa parte toma quase 2 horas. Após essa etapa, é feito um intervalo com café e bolo.

2. Nos treinamentos, são abordados e reforçados alguns assuntos, que podemos chamar de "doutrinação ética". Isto pode acontecer depois da apresentação das projeções, mas também podem ser comentados durante a explanação.

QUARTEL NÃO É IGREJA. Não importa se tradicionais ou pentecostais, o quartel não pode ser confundido com igreja, ou seja, expressões, brados, exaltações, ou o uso de termos do "evangeliquês", próprios de uso em programações

---

30 Disponível em:<https://www.youtube.com/channel/UC6_qu9CpXmwdSLshavsx-gg>

em igrejas, não são admitidos. Devem se lembrar de que estão ministrando a pessoas de diversas crenças e religiões. Portanto, a ética cristã é de fundamental importância para respeitar a ética militar.

CUIDADO PARA NÃO ESTOURAR O TEMPO. As ministrações do "Momento com Deus" não devem passar de 10 minutos, incluindo uma breve oração. Há um caso clássico em que o capelão segurou o efetivo e havia uma ocorrência pendente. O fato chegou ao conhecimento do comandante e o trabalho de capelania foi suspenso. As reuniões, no setor operacional, são feitas durante a troca de turno das equipes de policiamento ou de bombeiros e, portanto, há ordens e casos para serem discutidos, sendo que o período para isso é de 20 a 30 minutos, e as equipes têm que ir em seguida para policiar a rua.

CUIDADO COM ACOMPANHANTES. Não é proibido levar acompanhantes é até interessante o capelão convidar um membro de sua igreja, vez ou outra, para acompanhá-lo. A participação de convidados pode ajudar a diminuir o preconceito em relação à polícia. O cuidado é com o passado ou presente desse acompanhante. Houve um caso em Rio Preto em que um capelão levou um egresso do sistema penitenciário que havia se convertido ao cristianismo. Felizmente esse caso não houve maior propagação porque o coordenador atuou junto ao comandante explicando toda a situação. Na dinâmica policial, um "ladrão" dificilmente se recupera. Isto se aplica a ética referida acima.

ADAPTAÇÃO. É normal os policiais militares estranharem a presença de um civil no quartel logo de início, por isso não esperem por sorrisos. Já com os bombeiros isto não é recorrente. Para amenizar ou encurtar este período de adaptação entre "polícia e igreja", recomenda-se usar de artimanhas que trazem afinidade com eles, como por exemplo usar camiseta com identificação e a logomarca dos PMs de Cristo (ou de sua Associação local), usar a Bíblia ou um devocionário personalizado, fazer continência, usar a linguagem do código "Q".

3. Técnicas de aproximação do coração do policial. O uso do código "Q" tem se mostrado bastante eficaz para abreviar o tempo de adaptação. Pode ser projetado ou usar uma lousa. São ensinados os principais, como:

a) **QSL** significa "entendido", que pode ser usado tanto de forma interrogativa quanto responsiva. Então, pode usá-lo em substituição do "Amém?". Por exemplo, o capelão, durante ou ao final de sua ministração, pergunta aos presentes se eles entenderam falando "QSL?";

b) **QRV** significa "na escuta, pronto para receber alguma determinação". Também quando um policial faz uma pergunta, ou, ao final das ministrações, é ensinado para o pastor dizer a eles: "Estou no QRV dos senhores para qualquer tipo de aconselhamento, visita etc.";

c) **QSJ** significa "dinheiro". O dia do pagamento da polícia paulista é todo quinto dia útil do mês, então o capelão pode usar frases como: "É hoje/amanhã que sai o QSJ? Hoje gostaria de falar com vocês um assunto interessante, como administrar bem o seus QSJ";

d) **TKS** significa "obrigado", quando for agradecer algo, usar a expressão TKS de *thanks* em inglês;

e) **QRU** significa "novidades". Os capelães podem perguntar se os policiais estão atravessando algum QRU (problema) em que possam ajudar, orar, aconselhar. Esses são os principais, mas você ainda pode aumentar esta lista.

4. Testemunho dos capelães. Os capelães que já estão em atividade são convidados a participar do treinamento com o intuito de passar confiança para os novos, por meio de seus depoimentos.

5. Atos administrativos. Como último ato do treinamento, são preenchidas fichas de adesão ao projeto com dados pessoais. A designação de unidades é feita, geralmente, por razão geográfica com proximidade do endereço de residência do capelão, mas também pode acontecer de ser com o endereço da igreja.

A partir de 2020, a Associação formulou um curso próprio, em plataforma EAD, com duração de dois meses, que oferece uma capacitação melhor para os capelães. Esse curso está disponível para ser aplicado em todas as Associações de policiais cristãos de todo o país.

AÇÕES DOS CAPELÃES

Além do "Momento com Deus", outra ação, das mais importantes, que os capelães têm realizado na vida dos policiais e bombeiros é o **aconselhamento espiritual**. Isso já é orientado naquela capacitação inicial, em que o "Momento com Deus" é uma preparação para que os policiais vão se "quebrantando" para eles próprios se aproximarem dos pastores e obreiros pedindo aconselhamento. Além disso, há outras estratégias bem interessantes, que os próprios capelães têm vivenciado e implantado e servem de experiências de abordagem para os novos.

O aconselhamento, sem dúvidas, é resultado da confiança do policial no capelão, o qual tem o papel fundamental para a construção dessa ponte. Alguns capelães têm adotado a postura de permanecer até o fim da preleção do comandante da equipe, ou seja, ele realiza o "Momento com Deus" das 6h às 6h10 e aguarda até o término, às 6h30, para tomar um café com eles. Muitos capelães levam pães, margarina, café pronto, pois, em alguns locais e períodos, nem café os policiais recebem da instituição. Com isso, eles se aproximam do "coração" do policial, lembrando muito a metodologia de comensalidade de Jesus, que era estar ao redor da mesa com Seus discípulos para saborear o alimento material e espiritual.

O policial, por sua vez, percebe que aquele homem ou mulher religioso não está ali somente para "falar da Bíblia", mas estão interessados nele. Há uma máxima nos quartéis: o civil aparece no quartel para duas coisas, ou para pedir algo, ou para reclamar da atuação de algum policial.

O agir diaconal desses capelães é surpreendente e acontece de formas variadas, como por exemplo, visitas hospitalares e domiciliares, cultos fúnebres, café da manhã aos bombeiros no seu dia nacional (2 de julho), café da tarde para as policiais femininas, no dia da mulher ou dia da policial feminina entre outras ações.

Vários fatos interessantes e, alguns até engraçados, compartilhado pelos capelães são: o carro do capelão quebrou e uma equipe de policiais levou a sua família até sua residência, enquanto ele prosseguia atrás dos reparos. Outro muito pitoresco, foi o fato de um policial, à paisana, ter se aproximado do capelão e ter-lhe prestado continência em um *shopping center* local. Em certa oportunidade, em o capelão percebendo que lâmpadas da sala de aula estavam queimadas, há vários meses, e policiais dizendo que não vinham recursos para a substituição, o capelão comprou lâmpadas e pediu para um membro de sua igreja efetuar o serviço. São muitas as histórias.

O carro chefe da ação da capelania é a ministração do "Momento com Deus", que são breves reflexões bíblicas, de 5 a 10 minutos, com uma oração ao final. Geralmente, os capelães tiram fotos (porém, deve-se perguntar antes para os policiais se as fotos podem ser tiradas) e as postam no grupo de *WhatsApp* diariamente. O trabalho do coordenador é estimular o trabalho deles com expressões de gratidão e rogos de bênçãos sobre as suas vidas no grupo. Muitas outras atividades são postadas na *fanpage* da Capelania Policial São José do Rio Preto – SP[31].

O "Momento com Deus" no serviço operacional é realizado às 6h no policiamento, às 7h30 nos bombeiros e, para o serviço administrativo, às 9h. Estou certo de que você está notando a expressão de alegria tanto do capelão, quanto a dos policiais e bombeiros.

Periodicamente, o coordenador regional organiza encontros com os capelães para ouvir testemunhos, passar algumas orientações, mas a finalidade principal é a comunhão,

---

31 Disponível em:<https://www.facebook.com/Capelania-Policial-S%C3%A3o-Jos%C3%A9-do-Rio-Preto-SP-154456685298996/?modal=admin_todo_tour>.

manter os laços de amizade e o propósito de fortalecimento deles no ministério de capelania junto aos policiais. No ano de 2019, por exemplo, o primeiro encontro aconteceu no hangar da Base Águia do GRPAe, cujo comandante era o Major André Paes, que se converteu a Cristo, ainda na academia do Barro Branco em uma reunião do grêmio evangélico. Naquela ocasião, a mensagem foi proferida pelo então 1.º Tenente Alexandre Marcondes Terra.

Uma experiência vivenciada pelo coordenador, em 2019, foi por ocasião do funeral de um policial aposentado. Além da mensagem de consolo aos familiares, foi prestada uma homenagem ao irmão de farda, foi-lhe prestada a última continência. Foi pedido para que todos os policiais se aproximassem e, após o comando de "sentido", foi dado novo comando de "apresentar armas", onde todos os policiais da ativa e reserva presentes, prestaram uma continência ao graduado que ali jazia. Não se pode averiguar qual foi o impacto disso para familiares e amigos, mas os comentários dos policiais foram muito positivos.

AVALIAÇÃO DA APLICAÇÃO DO PROJETO — PESQUISA DE CAMPO

Como instrumento de avaliação de desempenho das atividades realizadas do serviço de Capelania Militar Voluntário, por ocasião da conclusão do primeiro ano de implantação do Projeto Polícia e Igreja, em setembro de 2017, o coordenador realizou esta pesquisa por meio de um questionário com questões mistas (abertas e fechadas). O questionário abaixo foi aplicado nas seguintes unidades: 17.º BPM I (Batalhão de Polícia Militar Interior), 13.º GB (Grupamento de Bombeiros), 4.º BPAmb (Batalhão de Polícia Ambiental), 3.ª Cia / 3.ºBPRv (Batalhão da Polícia Rodoviária), CAEP (Companhia de Ações Especiais de Polícia). Foram distribuídas 600 folhas com o questionário aos policiais militares, via ofício ao Cmt de Cia, tanto para serem preenchidas pelo efetivo administrativo, quanto do serviço operacional, obtendo índice de resposta de 68,33%, ou seja, 410 questionários respondidos.

1. Você participa das reflexões realizadas pelos capelães, a qual chamamos de "Momento com Deus"?

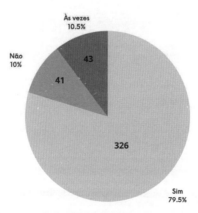

Tendo em vista o caráter voluntário de participação no "Momento com Deus", eu desejei quantificar quantos permanecem na sala para ouvirem as palavras do capelão. Os policiais que responderam "sim", representam 79,51%, sendo uma resposta muito convincente de que há aprovação da ação desenvolvida pelo projeto. Se adicionarmos aqueles que assistem "às vezes", essa porcentagem sobe para 89,51%.

Os policiais que responderam "não", representam 10,48%. Essa resposta negativa significa que aqueles policiais saem da sala antes de iniciar. Os questionários foram distribuídos para policiais do serviço operacional e/ou administrativo e algumas administrações de Companhias não havia capelão até então, sendo este o fator de resposta negativa em alguns casos. No entanto, isso é só uma hipótese que levantei.

2. Você alguma vez visitou a igreja do capelão?

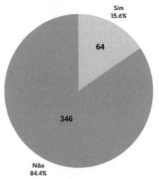

Essa pergunta teve como objetivo demonstrar se os capelães estão sendo éticos ou fazendo proselitismo, algo que é reforçado em toda a capacitação e não é um princípio do serviço de capelania[32]. Não é vedado ou proibido convidar

---

32 ALVES, Gisleno Gomes de Faria. *Manual do capelão: teoria e prática*. 1.ª ed. São Paulo: Hagnos, 2017, p. 201.

para ir a um evento ou mesmo um culto na igreja do capelão, desde que esse desejo parta do próprio policial militar.

3. Você entende que este *Projeto Polícia e Igreja* deve continuar?

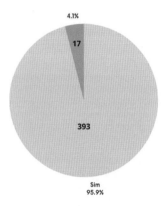

Se na primeira pergunta o intuito era saber sobre a frequência no "Momento com Deus", nesta, o condão era saber como os policiais, de forma geral, veem o projeto, se simpatizam com a iniciativa ou ainda gostam da atividade. Responderam "sim", 95,85% dos entrevistados. Os números falam por si.

4. Você crê que os temas abordados são interessantes?

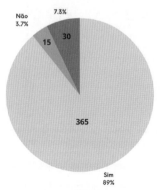

O objetivo era saber se os capelães estavam abordando doutrinas bíblicas — podendo até mesmo ferir a ética cristã —, uma vez que se deve sempre frisar que o objetivo da capelania não é a evangelização dos militares, mas sim promover uma espiritualidade cristocêntrica. Felizmente, 89% demonstraram estarem satisfeitos com os assuntos ministrados pelos capelães.

5. Você entende que o *Projeto Polícia e Igreja* é uma forma de Polícia Comunitária, pois é a comunidade evangélica (Igreja) se relacionando com a PM?

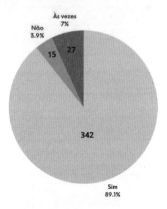

A finalidade desta pergunta era saber dos policiais se eles também entendem, como a Associação dos PMs de Cristo, que há relação do projeto com a estratégia e filosofia de polícia comunitária, conforme preconizado pela PMESP. 83% dos entrevistados responderam que o projeto vai ao encontro dessa estratégia. 10% entenderam que não.

6. Há algum tema que você gostaria que os capelães falassem?

1 - Volta de Jesus.	
2 - Trazer as passagens bíblicas para o dia a dia.	
3 - Todos os temas diários que os Capelães passam são norteadores para a nossa vida e o nosso trabalho.	
4 - A importância da família.	
5 - Educação familiar.	
6 - Valorização pessoal.	
7 - Como lidar com a morte.	
8 - Sobre outras religiões.	
9 - Relacionamento pais e filhos.	
10 - Sobre a morte da carne.	
11 - Obediência a Deus.	
12 - Falar sobre Romanos 13:4.	

Aqui a intenção era abrir para que o entrevistado tivesse a liberdade de opinar. Também foi repassado para conhecimento dos capelães.

7. Os capelães têm sido racionais no uso do tempo de reflexão, na boa educação, na discrição, no respeito?

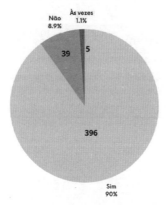

Esta pergunta teve como objetivo saber sobre a conduta e postura dos capelães. A avaliação é positiva, pois 89,50% dos entrevistados disseram que sim. No entanto, há uma preocupação com os quase 10% que responderam "sim, em partes". Na pergunta 11, infelizmente, não houve nenhuma colocação em que houvesse conexão com as respostas "em partes".

8. Houve algum tema ou frase que foi especial e marcou a sua vida? Em caso afirmativo, qual foi?

1 - Toda palavra é útil para o ensino.
2 - Passagem no livro de Daniel, onde ele optou por não se contaminar com a comida do rei.
3 - Sobre moralidade.
4 - Família.
5 - O fato de um criança ter se suicidado e o capitão trouxe esse tema de preocupação para nós pais e filhos.
6 - Paciência para tratar a família.
7 - Em todas as reuniões sempre reforça ou aprendo algo novo.
8 - O suicídio.
9 - Matrimônio.
10 - Amar a Deus sobre todas as coisas.
11 - Amar a Deus sobre todas as coisas.
12 - Amar ao próximo.
13 - Quando o apóstolo Paulo ficou sem saber o que fazer e pediu a presença de Deus para saber a direção a tomar.

A intenção desta pergunta era obter um *feedback* (avaliação) dos policiais sobre quão relevante tem sido para eles os assuntos ministrados pelos capelães.

9. É do seu conhecimento que o Projeto de capelania é aplicado em algumas dessas unidades?

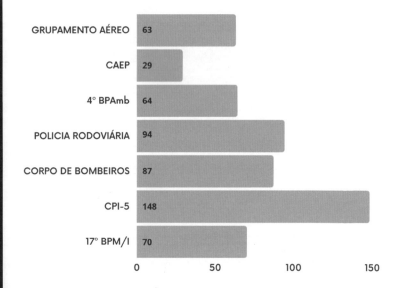

Nesta indagação, o propósito foi divulgar com qual finalidade o projeto está sendo realizado em todas as unidades da PMESP no município de São José do Rio Preto, e também avaliar o conhecimento deles sobre a realização do projeto. Essa pergunta foi indutiva, uma vez que foram apresentadas todas as unidades.

10. As reflexões realizadas na entrada do turno de serviço já o ajudaram em algumas das situações abaixo?

Esta pergunta teve como objetivo ir um pouco mais a fundo na relevância das ministrações para os militares. Como na pergunta anterior, também foi sugerido esses aspectos do benefício. Observando os 3 aspectos mais indicados, nota-se que o policial tem a necessidade do transcendente, de canais, pontes que os façam se conectar a Deus. Ainda, analisando a primeira reflexão solicitada (paz interior), pode-se dizer que condiz com o momento em que a humanidade de forma geral está vivendo. Busca-se, talvez mais que nunca, um equilíbrio entre a vida material e o interior de cada indivíduo, o que há ligação com os outros dois temas mais solicitados. A pergunta também demonstra que os policiais são seres humanos e enfrentam os mesmos problemas que qualquer outro.

11. Caso você tenha alguma sugestão para o aperfeiçoamento da capelania, você tem a liberdade de sugerir.

1 - Deveriam vir nos finais de semana.

2 - Mais tempo para as orações e reflexões.

3 - A união da equipe em orações.

4 - Este projeto deve continuar.

5 - Capelães visitar as companhias, orar com a tropa.

6 - Culto familiar.

7 - Fornecer material.

8 - Revezamento de capelães.

9 - Dar continuidade ao trabalho que é muito bom.

10 - Os idealizadores deste projeto estão de parabéns. Espero que continuem!

11 - Uma missa por mês com o efetivo da companhia e seus familiares.

12 - Sede própria para congregar os policiais.

13 - O trabalho está sendo muito bem desenvolvido.

Esta pergunta aberta foi para que os policiais pudessem ter a chance de se manifestar.

Concluindo, os resultados da pesquisa demonstram plena satisfação do efetivo policial de Rio Preto. O resultado foi enviado para todos os comandantes, via ofício e *WattsApp*, bem como tem sido um instrumento valioso para a Associação, uma vez que, até o momento, foi a única pesquisa realizada no estado com o objetivo de auscultar os receptores diretos do projeto. Também houve uma reunião entre os capelães, onde foi apresentada a pesquisa.

No ano de 2019, a Capitão PM Fabiana Batista de Holanda Campos[33], como trabalho de conclusão de

---

33 A Capitão PM Fabiana Batista de Holanda Campos, pertence ao efetivo operacional do 42.º BPMI, sediado no município de Presidente Venceslau-SP.

curso do programa de mestrado profissional em Ciências Policiais de Segurança e Ordem Pública — I/19, realizou importantes pesquisas junto ao efetivo policial (Cabos e Soldados PM), junto a Comandantes (de Sargentos a Coronel PM), junto aos capelães voluntários e também entre profissionais da área de saúde (psicólogos e assistentes sociais) do CAPS, de todo o estado de São Paulo, por meio da ferramenta *Google forms*. Abaixo apresentarei aqueles que julguei interessantes, de forma aleatória ao apresentado no formulário.

APLICAÇÃO JUNTO AOS CAPELÃES VOLUNTÁRIOS

5. Como tem sido a visão da sua comunidade com relação ao *Projeto Polícia e Igreja*?

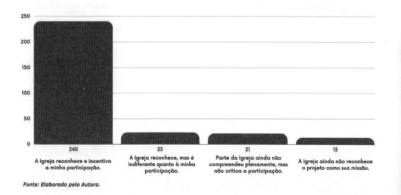

Fonte: *Elaborado pela Autora.*

8. Em sua atuação, teve com psicólogos ou assistentes sociais da Polícia Militar? Você acha importante a integração da capelania com o sistema de saúde mental da PM? (NAPS)

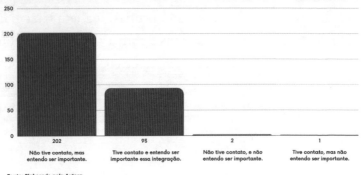

Fonte: Elaborado pela Autora.

10. Além do "Momento com Deus", os policiais têm procurado seu auxílio para: (Pode assinalar mais de uma)

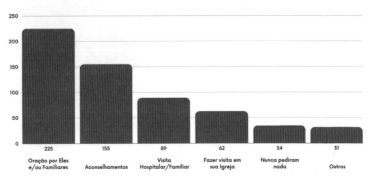

Fonte: Elaborado pela Autora.

A Capitão Fabiana levantou que a grande maioria dos voluntários são pastores, possuem curso teológico e dirigem uma comunidade. Também destaca em sua análise que as igrejas destes pastores mudaram seus conceitos sobre a Polícia Militar a partir do momento em que seus pastores se tornaram capelães. Como fruto disso, as igrejas passaram a destacar fatos positivos da atuação de policiais militares em seus canais de comunicação. Avaliou que uma das queixas dos capelães é a falta de apoio dos comandantes locais, mas que têm boa aceitação dos policiais atendidos pela capelania, inclusive pedindo auxílios fora do "Momento com Deus". Por fim, os voluntários, quase em sua totalidade, entendem como importante a integração com o Sistema de Saúde Mental da PMESP para que o apoio aos policiais militares possa ser dado da forma mais completa possível, concluía sua análise a Oficial PM.

APLICAÇÃO JUNTO AOS PSICÓLOGOS E ASSISTENTES SOCIAIS DO CAPS

1. Já atuou em incidentes críticos em conjunto com os voluntários da capelania (*Projeto Polícia Igreja* desenvolvido pela Associação PMs de Cristo)?

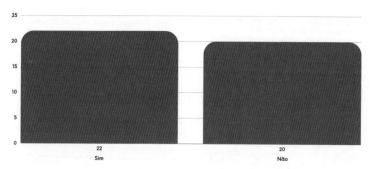

Fonte: Elaborado pela Autora.

2. Se sim, essa atuação conjunta teve resultados positivos?

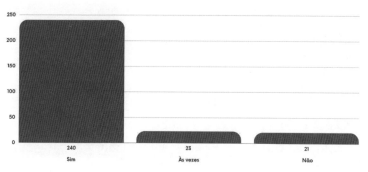

Fonte: Elaborado pela Autora.

3. Você vê de forma positiva uma eventual integração dos capelães voluntários no Sistema de Saúde Mental da PMESP?

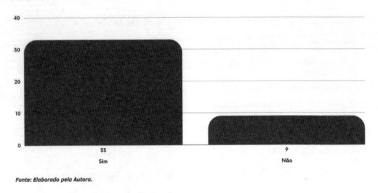

Fonte: Elaborado pela Autora.

Nas percepções da Capitão Fabiana, esses profissionais da área da saúde mental, em uma questão aberta, observaram sobre a importância da religião como fator de proteção, havendo obviamente respeito às diferenças de crença, com sugestões de que haja capelães de outras religiões também e que o auxílio oferecido esteja condicionado à vontade dos policiais ou seus familiares. Também que o capelão voluntário traz conforto até mesmo ao psicólogo que está lidando com a situação de dor e que lhe atinge também, ressaltando a necessidade do treinamento para que não ocorram atitudes invasivas ou insistentes, como já ocorreram em alguns casos isolados e que podem atrapalhar o serviço do psicólogo, finalizou a Capitão.

APLICAÇÃO JUNTO AOS COMANDANTES
Percepção do Comandante quanto ao apoio no fortalecimento espiritual do PM e na contribuição para evitar suicídios

4.1 Fortalece a área emocional e espiritual do PM, contribuindo para evitar suicídios.

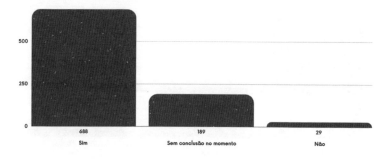

Fonte: Elaborado pela Autora.

4.2 Coopera na solução de crises pessoais e familiares.

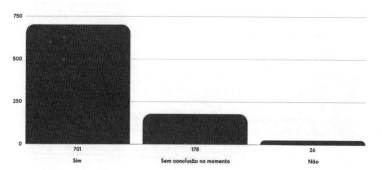

Fonte: Elaborado pela Autora.

4.4 Coopera na redução de afastamentos por motivo de saúde do efetivo (absenteísmo).

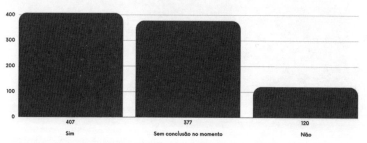

Fonte: Elaborado pela Autora.

4.5 Coopera na redução de desvios de comportamento e problemas disciplinares.

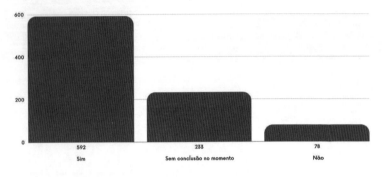

Fonte: Elaborado pela Autora.

4.6 Ajuda no equilíbrio da tropa em situações críticas.

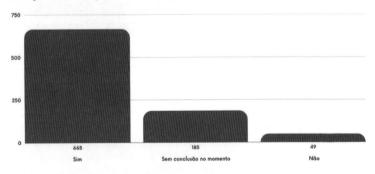

Fonte: Elaborado pela Autora.

4.8 Coopera na redução da letalidade policial.

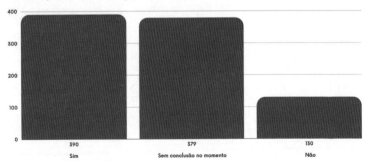

Fonte: Elaborado pela Autora.

Nesta seção de perguntas, a Capitão Fabiana fez perguntas um tanto ousadas para os comandantes que responderam de forma empírica. Porém, sempre apontando a maioria das respostas para o lado positivo, para resultados que eles esperam que aconteçam como produto da aplicação do programa de capelania em suas unidades, isto é: um policial equilibrado emocionalmente para uma prestação de serviço melhor à sociedade. Houve também uma parcela de comandantes que questionou a laicidade do Estado, colocando a legalidade do programa, como aplicação religiosa nos quartéis. Quanto à laicidade, já a abordamos no capítulo 2 — A origem da capelania. Entendo que cabe aos capelães dominarem este conceito e, em todas as oportunidades, comunicarem este entendimento aos comandantes e efetivo policial.

Fica aqui uma sugestão também ousada: fazer uma comparação de dados objetivos levantados nessa seção de perguntas, em períodos, não inferiores a seis meses, em unidades antes de aplicar e depois de aplicar o *Projeto Polícia e Igreja*, bem como comparativas com outras unidades, que possuam índices semelhantes (*benchmarking*), mas ainda não têm o programa.

APLICAÇÃO JUNTO AOS POLICIAIS MILITARES ADMINISTRATIVOS E OPERACIONAIS DAS OPM (CABOS E SOLDADOS PM)

1. Você participa das reflexões realizadas pelos capelães/voluntários PMs de Cristo do *Projeto Polícia e Igreja*?

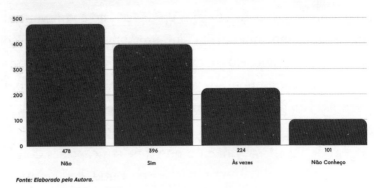

Fonte: *Elaborado pela Autora.*

2. Você alguma vez já pediu aconselhamento a um capelão/voluntário?

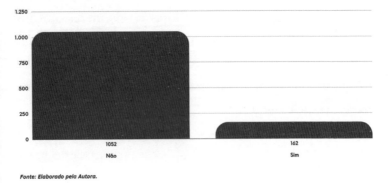

Fonte: *Elaborado pela Autora.*

6. Qual a sua avaliação geral do *Projeto Polícia e Igreja*?

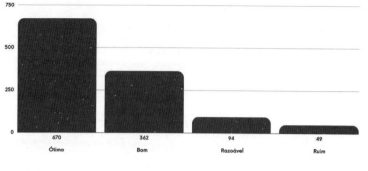

Fonte: Elaborado pela Autora.

7. Você entende que o *Projeto Polícia e Igreja* (capelania voluntária) deve continuar?

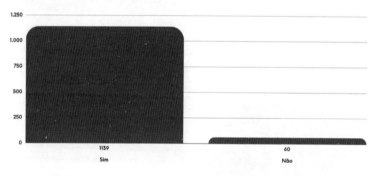

Fonte: Elaborado pela Autora.

Nesta seção de perguntas, podemos verificar resultados semelhantes à pesquisa que eu realizei em 2017, como por exemplo, a aceitação e desejo de ampliação do programa pela imensa maioria dos entrevistados.

Também, **o que serve de alerta** para os gestores do programa, coordenadores regionais entre outros, a observação para que os capelães não extrapolem o tempo de ministração do "Momento com Deus".

A avaliação final da Capitão Fabiana segue na íntegra: "Também foi proposto por alguns respondentes que as atividades da capelania se integrem com o serviço dos NAPS para que o atendimento nos casos de incidentes críticos seja o mais completo possível, vindo ao encontro da proposta desta pesquisa".

No ano de 2019, o Tenente Coronel Alessandro da Silva[34], em seu trabalho monográfico de conclusão de curso, também realizou pesquisas que vêm a corroborar o real interesse do efetivo operacional no *Programa Polícia e Igreja* protagonizado pelos capelães voluntários.

Também, passo a demonstrar essa aprovação, aproveitando algumas perguntas feitas pelo oficial.

TROPA

Pode ajudar a resolver problemas de saúde emocional (depressão, baixa autoestima, suicídio)?

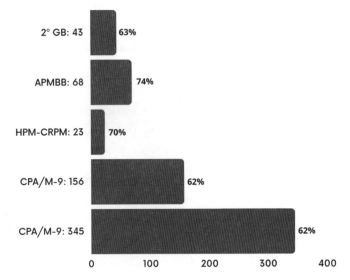

Fonte: Tenente Coronel Alessandro

---

34 Título da monografia: *Avaliação do projeto polícia e igreja no comando de policiamento de Área 3, seus efeitos na saúde espiritual e na atividade do policial militar voluntário participante.*

A percepção do oficial foi a que segue: "Vê-se que a tropa acredita que o *Projeto Polícia e Igreja* pode ajudar nesse quesito, levando os policiais militares a terem uma melhor autoestima e, consequentemente, minimizar as consequências maléficas como suicídio, depressão e outros comportamentos indesejados pela instituição e por todos".

As perguntas a seguir foram feitas a 23 oficiais da unidade CPA/M-3, na cidade de São Paulo:

1. Você acredita que o serviço prestado pelos capelães e pastores podem ajudar os policiais militares de alguma forma?

Comandantes CPA/M-3

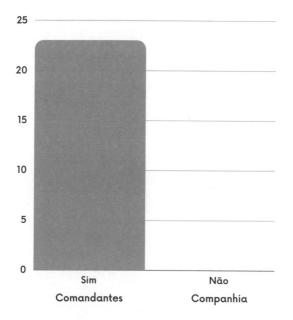

Fonte: Tenente Coronel Alessandro

2. Quais temas você gostaria que os capelães e pastores abordassem com maior frequência? Marque quantas quiser.

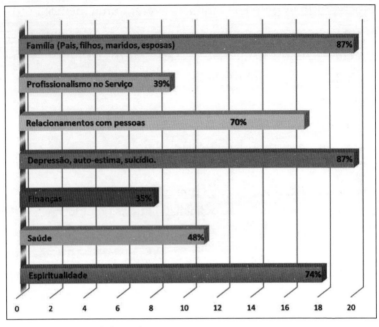

Fonte: Tenente Coronel Alessandro

A análise do Tenente Coronel Alessandro, fazendo uma comparação entre as respostas do efetivo operacional/tropa e oficiais é que, tanto junto à oficialidade, quanto à tropa, os anseios são semelhantes, e estes três temas — Família, Depressão/ autoestima/ suicídio e Espiritualidade — também são elencados como preferência e anseio dos policiais militares.

ESTATÍSTICAS DAS AÇÕES DOS CAPELÃES

Desde junho de 2017, a Associação adotou um relatório do *Google.doc* para registrar as atividades dos capelães, bem como servir de índice de qualidade e apresentá-lo aos comandantes. O gráfico a seguir, mostra as ações realizadas pelos capelães no CPI 5:

Atividades realizadas CPI 5

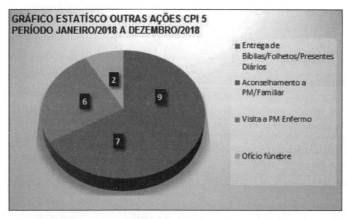

Fonte: Associação PMs de Cristo, 2018.

Este segundo gráfico registra as cidades na região de São José do Rio Preto onde o serviço de capelania está implantado. Há cidades que ainda não foi implantado, pois não há interesse ou compreensão da importância do serviço aos policiais:

Cidades onde o projeto está presente

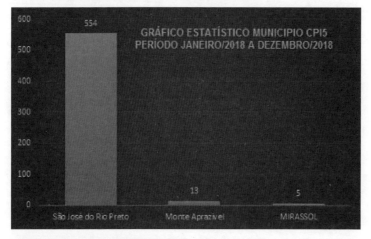

Fonte: Associação PMs de Cristo, 2018.

Mais importante que estar presente nas cidades mostradas acima, é ter um capelão presente desenvolvendo atividades pertinentes ao ofício em benefício dos policiais.

O gráfico abaixo mostra a atuação dos capelães por unidades policiais.

Unidades de policiamento territorial e especializado

Fonte: Associação PMs de Cristo, 2018.

Há que ressalvar também que nem todos os capelães são fiéis no preenchimento do relatório. Por exemplo, há capelães que ministram semanalmente, porém não registram relatórios de todas as suas ministrações. Sempre há o incentivo para preenchimento, mas ainda falta alguma compreensão por parte dos capelães em entender a importância desses dados para a Associação.

CAPÍTULO 7
BOAS PRÁTICAS DO PROJETO POLÍCIA E IGREJA

Como forma de aproximação entre as instituições, as igrejas que compõem o *Projeto Polícia e Igreja* no estado de São Paulo, diversas iniciativas de aproximação com os Policiais Militares têm sido adotadas . Dentre essas ações está a para realização de reuniões, palestras, cultos e homenagens no espaço das próprias igrejas. Abaixo listamos apenas alguns eventos que foram realizados em parceria em algumas regiões da capital e do interior:

- Reunião mensal do efetivo CPA/M-2 (Zona Sul) na Igreja Batista do Povo;
- Almoço oferecido ao efetivo operacional CPI-6 pela Igreja Batista de Santos (SP);

- Palestra motivacional "Dia dos Pais" no Auditório do COPOM;
- Culto de Ação de Graças em São Vicente, SP;
- Palestra motivacional do Dia das Mulheres para as policiais femininas na área central de São Paulo pela Igreja Batista Alemã.

Em contrapartida aos trabalhos realizados, os comandantes reconhecem o serviço voluntário prestado por capelães e pastores que atuam no *Projeto Polícia e Igreja*, homenageando os capelães voluntários.

DEPOIMENTOS DE CAPELÃES

"Tem sido uma experiência maravilhosa! Tenho o privilégio de ver vidas transformadas pelo poder da Palavra de Deus. Vale a pena servir a Cristo, servindo as pessoas!"

—PASTOR DACIL LEMES FILHO

"Meu nome é Emerson, sou o pastor da Igreja Presbiteriana Independente do Brasil e atualmente atuo também como capelão dos PMs de Cristo. Eu gostaria de compartilhar com você um pouquinho desse trabalho, como foi que eu iniciei, entrei no trabalho do *Projeto Polícia e Igreja*, que é promovido pelos PMs de Cristo, aqui no estado de São Paulo. Sou pastor de uma igreja na zona norte da cidade de São Paulo no bairro da Casa Verde e estou pastoreando essa igreja há 15 anos, no pastorado dessa comunidade.

"Praticamente em frente à igreja, simplesmente atravessando a rua, estou já na 1.ª Cia do 9.º Batalhão da Polícia Militar Metropolitana, e confesso que eu nunca havia atravessado a rua para me dirigir aos policiais que estão ali do outro lado na 1.ª Cia. Certa vez, um belo dia, eu recebi um telefonema da pastora Dirce, coordenadora dos PMs de Cristo, convidando-me para integrar o projeto, para fazer parte desse trabalho e me unir àqueles irmãos e irmãs que estão trabalhando, visitando e levando uma palavra de fé, de esperança, de amor, de solidariedade aos policiais militares, que é exatamente a missão dos PMs de Cristo.

"Então comecei a participar das reuniões para conhecer melhor o projeto, comecei a ter contato com as pessoas que trabalhavam e trabalham no projeto 'Polícia e Igreja', enfim, receber treinamento. E há 2 anos, praticamente, tenho visitado a 1.ª Cia, que é vizinha da nossa igreja. Tenho visitado, levado uma palavra, me colocado à disposição dos policiais militares desse Batalhão. Tenho disponibilizado normalmente dois dias da semana, alternado os dias e os horários, sempre levando uma breve palavra aos policiais militares na entrada do seu serviço. Então, numa terça-feira eu vou às 18hs, falo aos policiais, oro por eles no início do seu turno de trabalho. Na quarta-feira eu vou às 6hs da manhã, falo com eles na entrada do seu serviço também. Na semana seguinte, vou na quinta-feira à noite, na sexta-feira pela manhã, e assim eu consigo então alcançar os policiais dos quatro pelotões que fazem parte da 1.ª Cia do 9.º Batalhão.

"O serviço é muito simples: uma palavra, a leitura de um pequeno trecho das Sagradas Escrituras, um momento de oração pelos policiais, pedindo a bênção de Deus, a proteção divina sobre cada um deles que vai sair em serviço. Tenho sempre me colocado à disposição dos policiais, dizendo que aqueles que quiserem me procurar para um momento de bate-papo, para aconselhamento, para receber uma visita ou mesmo para desabafar a respeito de um problema, que podem me procurar. Digo sempre que os meus contatos estão com um Capitão, um comandante da Cia. O que tem acontecido é que eu tenho sido procurado através de mensagens no celular, e às vezes ali mesmo, pessoalmente, antes que eu me retire, um policial vem, me procura para pedir oração, para conversar, para fazer um desabafo. Isso tem sido uma coisa muito boa e muito importante.

"Por fim, acho necessário também dizer que esse é muito mais do que um trabalho do pastor junto aos policiais. A importância, a oportunidade de envolver a comunidade, de envolver a igreja também nesse serviço que faz parte da missão da igreja. Então, o que nós temos feito ali também é algo muito simples, pequeno até, mas também de muito valor. Uma coisa muito importante: temos colocado os policiais da 1.ª Cia do 9.º Batalhão como motivo especial de intercessão nas nossas reuniões de oração. Temos intercedido por eles não apenas nas reuniões de oração, mas nos nossos cultos regulares, temos sempre chamado a atenção, convidado as pessoas a olharem os policiais de uma forma diferente, a falarem com eles, a cumprimentarem os policiais, a orarem por eles nas suas orações particulares nas suas casas.

"Temos feito outras coisas como, por exemplo, envolver irmãos e irmãs nos ministérios da igreja, para recepcionar a reunião mensal da 1.ª Cia do 9.º Batalhão nas dependências da igreja. Então, aqueles irmãos que trabalham com som eles vêm nos ajudam a montar o microfone para que o comandante possa utilizar na direção da reunião mensal da polícia, aqueles que trabalham com o projetor também, e colocamos o nosso equipamento à disposição dos policiais. Trabalhamos junto com irmãos e irmãs que nos ajudam a preparar um café da manhã gostoso e especial para os policiais. Aqueles que podem nos ajudam na recepção, e tudo isso tem tido um resultado extraordinário de aproximação, de olhar para os policiais com outros olhos, e fazer a comunidade perceber que, por baixo daquele uniforme, por baixo daquela farda, existe um ser humano também carente de atenção, de afeto, um ser humano com as mesmas emoções, os mesmos sentimentos, as mesmas preocupações que nós temos. Ali por baixo da farda, há um pai, uma mãe, um marido, uma esposa, um filho. E tudo isso faz a gente ver o policial com um olhar mais humano, mais solidário, mais atento às suas necessidades.

"Encerro aqui esse meu testemunho, essa minha breve palavra, deixando também como desafio a que outros irmãos e irmãs, pastores ou não, membros das nossas igrejas, que, de repente, estão à busca de uma maneira de servir, de trabalhar para Deus, de servir a Deus, servindo a população, servindo a comunidade, servindo a igreja. A missão PMs de Cristo é uma boa oportunidade para você, o *Projeto Polícia e Igreja* também pode ser o local onde você vai colocar os seus dons, os seus serviços para servi os policiais que tanto precisam. Essa é a minha palavra, o meu desejo, o meu desafio para você."

—PASTOR EMERSON R. P. DOS REIS (IGREJA PRESBITERIANA INDEPENDENTE DA CASA VERDE – SÃO PAULO, CAPITAL)

"Meu nome é Daniel, sou capelão PMs de Cristo, faço um trabalho aqui no Batalhão 36.º, aqui em Embu das Artes. Esse batalhão também compõe a cidade de Taboão da Serra. São dois anos que nós temos feito um trabalho aqui no Batalhão, vindo semanalmente aqui, compartilhando a Palavra de Deus, compartilhando uma palavra motivacional para o homem e a mulher que vestem essa farda tão especial da corporação da Polícia Militar do estado de São Paulo.

"Nesse tempo de trabalho, temos visto o resultado, pessoas nos trazendo um feedback, desse trabalho que temos realizado aqui. A palavra que nós levamos feito a diferença no dia do policial e ficamos satisfeitos, visto que sabemos que o policial militar precisa muito de uma palavra de amor, de esperança, de fé, pelo trabalho árduo e difícil que prestam; assim estamos muito felizes, pois o resultado desse trabalho tem sido além do que podemos ver. Queremos agradecer pela oportunidade de fazer parte do Projeto Polícia e Igreja. Aos PMs de Cristo nosso muito obrigado!"

—CAPELÃO PASTOR DANIEL TERUEL,
EMBU DAS ARTES (IGREJA O BRASIL PARA CRISTO)

"Sou o pastor José Luiz, voluntário dos PMs de Cristo, trabalho em Sorocaba, no 7.º Batalhão do CPI 7, na Escola de Formação de Soldados. Esse tempo tem sido um tempo especial, em que nós temos levado uma palavra bíblica com aspectos motivacionais, ajudando esses homens para que eles possam desenvolver a sua tarefa.

"Nosso objetivo é apoiá-los, ajudá-los, incentivá-los e cuidar de suas vidas e de suas necessidades. Agradecemos ao comando e a todos que têm nos ajudado a desenvolver esse papel. Deus tem sido misericordioso e bondoso e nós nos sentimos felizes nesse tempo de cuidar. Deus abençoe, pois essa tem sido uma oportunidade boa e nós pretendemos e desejamos continuar desenvolvendo esse bálsamo na vida desses homens que fazem tanto pela nossa sociedade. Deus abençoe."

—PASTOR JOSÉ LUIZ DA SILVA, SOROCABA
(IGREJA BATISTA DE SOROCABA)

"Bom dia, meu nome é Fabrício, sou pastor da igreja O Brasil para Cristo aqui na cidade de São João da Boa Vista, e capelão também no PMs de Cristo. E quero, neste breve relato, testemunhar um pouco daquilo que está acontecendo aqui em nossa cidade, nesse trabalho de capelania, em que estamos servindo a Deus e já colhendo muitos frutos, abençoando a vida dos oficiais, a vida dos soldados. Aqui, temos colhido relatos de vidas transformadas, vidas abençoadas, vidas restauradas e vidas renovadas, com o trabalho de capelania.

"Eu gostaria de incentivar a todos pastores, a todas as igrejas, também incentivar a todo comando da polícia para abrir as portas e permitir que esse trabalho seja realizado, porque é a Palavra de Deus sendo pregada, sendo anunciada, a palavra de amor, de ânimo, de incentivo, de capacitação, de fortalecimento. Ao pregar essa Palavra, esse evangelho, temos a certeza de que bons frutos são colhidos.

"Então, que Deus abençoe vocês, fiquem firmes nessa caminhada, nessa luta e vamos juntos, pois o amor de Deus envolve e muda a história das pessoas. Que Deus abençoe vocês e aos PMs de Cristo, esse lindo trabalho, esse lindo projeto em nome de Jesus. Que Deus abençoe a todos!"

—PASTOR FABRÍCIO SOUZA, SÃO JOÃO DA BOA VISTA

(IGREJA O BRASIL PARA CRISTO)

"Meu nome é Márcio Cesar Biazi, sou pastor da Pastor da PIB Norte Rio Preto e capelão voluntário PMs de Cristo.

"Que oportunidade Deus me deu em fazer parte da capelania voluntária. Estou no projeto em São José do Rio Preto (SP) há mais de dois anos, na verdade, desde o início. Trabalho na 1.ª Cia e também no Posto de Bombeiros do aeroporto. Além da rotina citada, já realizei serviço fúnebre confortando a família enlutada de um policial aposentado.

"Sempre sou bem recebido por todas as equipes e tenho cada vez mais me tornado próximo de cada um deles, pois quando me encontram pelo bairro ou em algum estabelecimento me cumprimentam com alegria. Pela terceira vez no último ano, entreguei um livro devocional, como forma de presentear por ocasião de início de um novo ano.

"Quero destacar por fim, que fico muito feliz quando ouço um oficial passando o trabalho para o outro e no final da conversar é dito: esta madrugada foi tranquila, sem novidade. Isto tem sido recorrente, e eles mesmos comentam que depois deste período em que oramos e meditamos na Palavra, as coisas têm mudado na vida deles e também do lado de fora."

—PASTOR MÁRCIO CESAR BIAZZI (IGREJA BATISTA PIB

NORTE DE SÃO JOSÉ DO RIO PRETO)

"Quero compartilhar com os senhores o testemunho do Capitão Ricardo Medeiros, Comandante da 3.ª Cia do 51.º BPM/M, CPA/M-11, sobre o grande livramento dado por Deus aos seus policiais, após a ministração dos Pastores engajados no Projeto Polícia e Igreja na preleção em sua unidade. Que Deus seja louvado pelo amor e graça derramados através do compromisso e dedicação de cada um dos senhores!

"Este é um testemunho de um policial da 3.ª Cia do 51.º BPMM, que se envolveu numa ocorrência com 'morte em decorrência de intervenção policial', em que o policial também foi alvejado por um infrator da lei, porém a bala pegou na calça dele sem atingir sua perna. Segundo os policiais envolvidos na ocorrência, esse milagre foi 'graças à oração do pastor hoje pela manhã na preleção' (durante o "Momento com Deus"). Segundo o policial, o pastor falou assim: 'Que Deus os guarde NO COMBATE DE HOJE'. Resumindo a ocorrência, para se ter uma ideia melhor, foi assim: um criminoso, após efetuar alguns disparos contra a esposa, se evadiu, roubando um táxi. Quando adentrou na Marginal, testemunhas que viram o roubo informaram aos policiais Soldado PM Campos e Soldado PM Souza Ramos, que, durante o patrulhamento, avistaram o táxi e, no seu interior, um indivíduo apontando a arma para o taxista. De repente, o criminoso apontou a arma na direção dos policiais e atirou. Eles não tiveram outra alternativa, senão se defenderem, efetuando alguns disparos, o que resultou na morte do infrator. Porém, os policiais ficaram ilesos, com somente a perna da calça de um deles rasgada. Essa é a importância dos nossos amados capelães.

"Obrigado pastores! Que Deus abençoe grandemente sua vida!"

—CAPITÃO RICARDO MEDEIROS

"Meu nome é Jane Suzete Faquim Lípari, sou casada e pastora auxiliar na Igreja do Evangelho Quadrangular de São José do Rio Preto (SP), no bairro São Judas Tadeu. Há dois anos e meio, desde que o projeto foi iniciado em nossa cidade, tenho desenvolvido o trabalho voluntário de Capelã no Corpo de Bombeiros de São José do Rio Preto. O convite veio diretamente de Deus através de um amigo/irmão em Cristo, Cabo Porto, da Polícia Rodoviária.

"Dentre todo o trabalho realizado, o que mais me tocou foi o 'Culto de Páscoa da Polícia Militar' realizado em nossa igreja no ano de 2018. Naquele encontro havia uma família, que tinha acabado de chegar do Rio de Janeiro (RJ) e não conseguia olhar o policiamento militar com bons olhos.

"Alguns dias após o culto, a irmã Yohana veio me contar emocionada que tinha mudado totalmente a visão dela em relação a Polícia Militar e até compreendia os desvios de alguns profissionais. Com lágrimas nos olhos, ela viu durante o culto a dedicação dos meninos do Tiro de Guerra, o desempenho da Banda da Polícia Militar e o companheirismo dos Bombeiros. Tudo isso deu a ela e sua família a oportunidade de estarem próximos das pessoas fardadas, das quais antes ela tinha pavor, e, a partir deste momento, ela conseguiu ver o nosso policiamento com outros olhos e clama a Deus pela vida e família de todos.

"Eu considero este relato uma vitória para nós nesta integração da Polícia e Comunidade. São várias as experiências que tenho tido durante este tempo e louvo ao Senhor pela oportunidade e ao Coronel Lamin pela confiança dedicada à minha pessoa.

"A cada dia me apaixono mais por este trabalho e peço a Deus para que me dê a oportunidade de melhorar mais nessa função, que faz parte da obra de Deus."

—PASTORA JANE SUZETE FAQUIM LÍPARI (IGREJA DO EVANGELHO QUADRANGULAR DE SÃO JOSÉ DO RIO PRETO)

"Primeiramente os parabéns aos PMs de Cristo pelo belíssimo trabalho de estarem junto ao nosso efetivo e aos comandantes, prestando um serviço, fortalecendo aquele tripé que fala da saúde física, mental e espiritual do nosso policial. E eu agradeço muito pelos serviços que têm sido prestados na região metropolitana do Vale do Paraíba e Litoral Norte, o serviço belíssimo que tem resgatado policiais militares e a família policial militar. Como comandante, agradeço e recomendo para que outros comandantes abram suas portas, pois o policial militar precisa estar bem, equilibrado, com fé, com os valores renovados para poder prestar um bom serviço à comunidade."

—CORONEL CARLA DANIELE BASSON

"Eu sou o Coronel Rogério Xavier, comandante CPI-5, região de São José do Rio Preto, que engloba 96 municípios da região Norte e Noroeste do estado de São Paulo. É importante destacar aqui o trabalho profícuo dos PMs de Cristo, principalmente porque esse grupo traz a tranquilidade espiritual que os policiais militares precisam para bem desenvolver as suas atividades diárias, as suas atividades frente ao policiamento ostensivo. E para nós é de extrema importância o apoio, a dedicação, o empenho voluntarioso de todos os policiais militares que compõem o grupo dos PMs de Cristo, pois exatamente nesse sentido eles trazem, esse grupo traz para todos nós, aquela paz importante do nosso dia."

—CORONEL ROGÉRIO XAVIER

"Sou o Capitão Issac Jurado, Comandante da 1.ª Cia do 9.º Batalhão. Eu auxilio diretamente o Coronel Pugliese, nosso atual Comandante.

"A parceria Polícia Militar e Igreja, através dos PMs de Cristo, só trouxe benefícios para os policiais militares, para os nossos profissionais de polícia, tanto no comportamento pessoal quanto no desempenho operacional.

"Essa cooperação reflete nas diversas condutas que os policiais têm no atendimento às ocorrências. Essa aproximação, polícia e comunidade, faz parte da doutrina de policiamento comunitário.

"Os PMs de Cristo, através do pastor Emerson, da pastora Dirce e do pastor Kembo, realizam um planejamento que possibilita atender os quatro pelotões operacionais, não deixando nenhum policial sem ouvir a Palavra de Deus.

"Isso tem influenciado muito no desempenho operacional. Os policiais se mostram mais equilibrados, mais serenos e mais humanos. Consigo observar que eles buscam atender às pessoas de uma maneira diferente e acreditam na função primordial: atender ao público e auxiliá-los da melhor maneira possível.

"Essa mudança de comportamento influenciou também nas reclamações. Diminuíram sensivelmente as reclamações referentes ao comportamento da nossa profissão. Contrário a isso, tem aumentado o número de elogios aos nossos policiais.

"Também na parte de produtividade, os nossos policiais, pelo terceiro mês consecutivo, receberam bônus em virtude de todo esse desempenho operacional que eles têm apresentado.

"O policial, ouvindo a Palavra de Deus, consegue tratar as pessoas com mais dignidade e respeito, e pessoalmente se mostra mais participativo na vida familiar, conseguindo administrar profissão e família de maneira equilibrada.

"Só temos a agradecer aos PMs de Cristo por essa parceria que tem trazido um resultado positivo para nós e muito tem nos honrado com a presença deles quase que diariamente, levando a Palavra de Deus aos nossos policiais militares.

"Lembrando que os policiais, ao ouvirem a Palavra de Deus, o fazem de maneira voluntária, e a importância deste momento é tão grande, que todos na Cia querem participar e ouvir a Palavra de Deus antes do início de cada serviço.

"Eu só tenho a agradecê-los por essa iniciativa do Comando Geral da Polícia e dos PMs de Cristo."

—CAPITÃO ISSAC JURADO

A IMPORTÂNCIA DOS 5 MINUTOS DE REFLEXÃO DA PALAVRA DE DEUS NA ENTRADA DE SERVIÇO: UM TESTEMUNHO INFORMAL

Às vezes, achamos que é muito pouco o tempo, outras vezes pensamos: será que tem sido válido me deslocar do meu conforto, dos meus afazeres, da minha família para levar apenas 5 minutos de palavra e uma oração aos policiais militares?

O pastor Vardilei Ribeiro da Silva, da Igreja Presbiteriana Independente do Parque Ipê, é um dos exemplos de compromisso e dedicação, pois tem comparecido todas as quartas e quintas-feiras à tarde, na 4.ª Cia do 16 Bpm/m, no horário das 17h30, para essas ministrações.

No dia 18 de novembro, logo após a ministração do pastor Vardilei, os policiai militares nem imaginavam que se deparariam com uma grave ocorrência, com intensa troca de tiros, com fuzis, entre policiais e marginais que tentavam praticar furto a caixas eletrônicos na região oeste da capital.

Nessa ocorrência, amplamente divulgada pela imprensa, o **3.º Sargento Isaias Tenório da Silva** e o **Soldado Rubens Santos de Souza** foram alvejados por disparos de fuzis pelos marginais.

Na data de ontem os referidos policiais militares deram testemunhos da importância do *Projeto Polícia e Igreja*, em que os pastores têm apoiado espiritualmente suas vidas, e que somente pela graça e misericórdia de Deus estão vivos.

Toda honra e glória sejam dados ao nosso Deus!

CAPÍTULO 8
SUGESTÕES DE COMO IMPLANTAR O PROJETO POLÍCIA E IGREJA EM CADA ESTADO

C ada estado tem suas particularidades em relação à organização de suas corporações policiais. Em alguns estados, o Corpo de Bombeiros faz parte da Polícia Militar, em outros, não. Algumas corporações possuem um quadro de capelães concursados, mas que nada impede a implantação desse projeto, pois seria uma forma de auxiliá-los a desenvolver um trabalho mais abrangente para todos os policiais e/ou militares, e os voluntários ficariam, sem dúvida, debaixo da coordenação da capelania institucional.

Premissa: Esse projeto é organizado pelo seguimento evangélico, mas direcionado a todos os policiais, pois não tem viés proselitista, mas sim de apoio emocional e espiritual.

ROTEIRO INICIAL PARA IMPLANTAÇÃO ADOTADO EM SÃO PAULO

1. Para se iniciar o *Projeto Polícia e Igreja*, a primeira providência é ter o aval do Comandante Geral da respectiva Corporação, devendo o representante designado (da capelania institucional ou da União dos Militares Evangélicos do Estado) preparar o projeto para apresentação e aprovação daquele Comando.

2. A coordenação geral do projeto, após receber o aval do Comandante Geral, providenciará o levantamento das igrejas voluntárias por meio de contato com os seus pastores.

O ideal é agregar de duas a três igrejas evangélicas para assistir espiritualmente cada Unidade Policial (Batalhão, Companhia, Pelotão, Destacamento).

3. Após ter em mãos a relação das igrejas, a Coordenação Geral fará reuniões por regiões do estado, entre os representantes das igrejas e os respectivos comandantes das Unidades, para apresentação do projeto e a capacitação dos voluntários.

O ideal é que se comece pela capital, sede do Quartel do Comando Geral, em uma determinada região de comando, e depois siga para as demais regiões da capital e do estado.

4. A coordenação geral providenciará uma pasta, com os modelos nos anexos fornecidos mais adiante neste livro, que será entregue para cada voluntário e comandante, com as devidas orientações por escrito das normas de funcionamento do projeto.

5. Reunião geral envolvendo os Oficiais daquele comando, com os voluntários e policiais da ativa e reserva da União dos Militares Evangélicos do Estado.

Essa reunião é muito importante, pois haverá uma apresentação para os Oficiais e voluntários sobre os detalhes do projeto (mas não se trata da capacitação), com possibilidades de dirimir dúvidas, bem como a identificação dos comandantes com os respectivos capelães.

6. Realizada a capacitação com os capelães, agora é dar início ao "Momento com Deus" nas unidades. É bom que os capelães de uma determinada unidade combinem e vão conhecer o local, conversar com o comandante, combinar horário e dia(s) de ministração, enfim, fazer uma ambientação. Tanto nessa visita, quanto nas primeiras ministrações dos capelães, é fundamental que um representante da União acompanhe os voluntários para facilitar esta adaptação de ambos os lados.

É bom ressaltar que esse projeto não consiste em realizar cultos no interior dos quartéis, mas atuar conforme as ações básicas amplamente apontadas neste manual.

Para o voluntário participar do projeto não há necessidade de possuir curso de capelania, mas apenas participar da capacitação promovida pelos coordenadores (ver a proposta de treinamento de São José do Rio Preto).

Esse projeto não é exclusivo do pastor, mas da Igreja, portanto o presidente de cada igreja poderá indicar representantes com bom conhecimento bíblico para participar das ministrações ao efetivo policial.

As ocupações do pastor muitas vezes não permitem que ele participe com mais frequência, razão pela qual carece de auxiliares para essa missão.

O projeto poderá ser estendido para os quartéis das Forças Armadas, Unidades da Polícia Federal e Civil, Guarda

Municipal, Tiro de Guerra, caso haja interesse dessas forças de segurança.

FORMAS DE COORDENAÇÃO DO PROJETO POLÍCIA E IGREJA

Algumas Corporações têm um quadro de capelania institucional (capelães concursados) e há a União dos Militares Evangélicos. Nessa situação, seria o caso de a União dos Militares coordenar esse projeto em conjunto com a capelania institucional.

Nos estados em que não haja capelania institucional, a coordenação ficaria a cargo da União dos Militares Evangélicos, como ocorre no estado de São Paulo, através dos PMs de Cristo. O ideal é ter um Coordenador Geral e coordenadores regionais, preferencialmente policiais militares evangélicos ativos ou veteranos, que fariam a ligação entre os pastores voluntários e os Comandantes das Unidades. Na planilha com o endereço dos quartéis e os dados das igrejas e seus representantes constará os dados dos coordenadores.

TERMO DE ADESÃO AO VOLUNTARIADO

O ideal é obter de cada voluntário o termo de adesão ao voluntariado, anexo F, conforme exigência da lei, a fim de evitar demandas judiciais trabalhistas para os responsáveis pelo projeto.

ORIENTAÇÃO AOS COMANDANTES

Cada Comandante receberá uma orientação sobre o funcionamento do projeto, conforme anexo B, que deve ser adaptado de acordo com a organização e particularidades de cada Corporação (Polícia Militar ou Corpo de Bombeiros), bem como a planilha com os dados das igrejas e dos coordenadores. Essa planilha em Excel pode ser solicitada à associação via e-mail (faleconosco@pmsdecristo.org.br).

ORIENTAÇÃO AOS PASTORES E COOPERADORES DO PROJETO POLÍCIA E IGREJA

Conforme anexo A, segue um modelo de orientação aos pastores e cooperadores, que também precisa ser ajustado e adaptado, de acordo com as particularidades de cada Corporação. Essa orientação será explicada no dia da capacitação aos voluntários.

ROTEIRO DE ATUAÇÃO DOS PASTORES E COOPERADORES

Para facilitar o início do projeto, poderá ser feito um roteiro de atuação dos pastores e cooperadores, conforme modelo anexo E.

SUGESTÕES DE TEMAS PARA AS MINISTRAÇÕES AOS POLICIAIS MILITARES E BOMBEIROS

Segue, no anexo E, uma sugestão de temas para os pastores e cooperadores ministrarem aos policiais, podendo complementar com outros assuntos, sempre baseados nas Escrituras Sagradas. Os pastores e cooperadores poderão também utilizar devocionais nas ministrações, como o *Pão Diário, Presente Diário, Cada Dia, No Cenáculo* etc.

CAPACITAÇÃO AOS PASTORES E COOPERADORES

Antes de iniciar o projeto será dada, pelo Coordenador Geral do Projeto, uma capacitação aos pastores e cooperadores, para que conheçam as peculiaridades de funcionamento das Unidades Policiais e as formas de atuação no referido projeto.

Essa capacitação poderá ocorrer no mesmo dia em que os pastores forem apresentados aos respectivos Comandantes. Nessa capacitação, será entregue pelo Coordenador Geral aos pastores e cooperadores uma pasta contendo todas as orientações sobre o funcionamento do projeto (Anexos A, D e E). Também nessa capacitação serão bem explicadas as ações que a igreja poderá desenvolver nos quartéis, bem como enfatizado que não é permitido o proselitismo.

Será enfatizado também que nas ministrações não poderão ocorrer questões doutrinárias, respeitando as diversas crenças dos ouvintes. Outras informações úteis já foram vistas no capítulo 6.

RELATÓRIO DAS ATIVIDADES DESENVOLVIDAS NO PROJETO

Para melhor acompanhamento por parte dos coordenadores e para apresentação dos resultados aos respectivos Comandantes, poderá ser desenvolvido um relatório para os voluntários elaborarem quando da realização de algumas das atividades descritas no projeto.

Esse relatório foi realizado no formulário *Google* e pode ser solicitado ao escritório da associação via e-mail (faleconosco@pmsdecristo.org.br).

CONCLUSÃO

Fazendo um retrospecto em minha vida ministerial dentro da área de evangelização de policiais militares e bombeiros, consigo me ver na reunião que elegeu a primeira Diretoria da Associação dos Policiais Militares Evangélicos do Estado de São Paulo (PMs de Cristo) em 1993. Depois, minha participação no Núcleo PMs de Cristo de São José do Rio Preto, dirigido pelo então 1.º Tenente Daniel Vaz de Lima, que frequentei assiduamente até 1995. Pelo fato de ser bombeiro, fui me afastando do núcleo dos policiais de Cristo.

Em 2006, certo Comandante dos bombeiros, sem motivos justificáveis para mim, tirou-me dos bombeiros, levando-me a ocupar uma vaga de Capitão Comandante de Companhia de policiamento. Na época, isso foi motivo de muito desgaste emocional, após tantos anos de atividade de bombeiros (lembrando que em São Paulo os bombeiros pertencem a Polícia Militar).

No entanto, em 2010, comecei a dirigir o Núcleo dos PMs de Cristo na sede do 52.º Batalhão de Polícia Militar do Interior (sede em Mirassol–SP). Em 2011, por indicação e "insistência" dos então Sargento Franco e Cabo Freitas, assumi a função de coordenador regional.

Uma vez que eu já havia trabalhado tanto na polícia quanto nos bombeiros em toda a região de São José do Rio Preto, comecei a identificar os policiais cristãos, nas diversas unidades, e dar início à instalação de Núcleos PMs de Cristo nas cidades sedes de batalhão e companhia. A essa altura, eu já havia entendido que a minha saída dos bombeiros não fora por vontade do homem e sim pela vontade de Deus, a fim de que esse ministério fosse amplamente expandido e conhecido por toda a oitava região administrativa do Estado.

Na sequência, devido à minha dedicação e entusiasmo pela causa, o amado irmão Coronel Terra me convidou para ser seu vice-presidente, representando o interior paulista, onde estivemos lutando ombro a ombro entre os anos de 2014–2018 à frente da Associação, participando juntos da implantação do *Projeto Polícia e Igreja*. Dentre as regiões do interior, São José do Rio Preto foi a primeira a dar início ao projeto em 2016. Desde então tenho, na esmagadora maioria das vezes, sido recebido muito bem pelos Oficiais em comando e também pelos Praças que recebem as ministrações diárias dos nossos capelães.

Quero falar um pouco mais deste meu contato com esses homens e mulheres abnegados, que denominamos capelães voluntários (se fosse falar, seria com a "boca cheia"), a quem tenho grande alegria e satisfação em coordenar. Como costumo dizer, Deus fez um *upgrade* em Sua Missão de amar e fazer conhecida a Sua Palavra entre os militares aliando, chamando, convocando Sua Igreja para apoiar os PMs de Cristo, uma vez que essa missão, até então, era realizada exclusivamente de policial para policial.

Coordenar cerca de 50 irmãos e irmãs, em sua maioria pastores, tem sido uma experiência muito trabalhosa, que requer atenção constante tanto nos grupos de *Whatsapp* quanto nas demandas apresentadas pelos capelães, porém das mais satisfatórias e enriquecedoras em minha vida espiritual. Conviver com irmãos das mais diversas denominações evangélicas tem agregado sobremaneira ao corpo de Cristo desta região, sendo um fator indireto para a unidade e aproximação da liderança evangélica em todo o Estado de São Paulo também.

Venho observando o entusiasmo dos capelães em poder, cada vez mais, se aproximar do coração dos policiais a cada relatório que eles vêm me reportar. Algumas dessas experiências estão registradas na página do *Facebook* "Capelania Policial São José do Rio Preto e região", que aproveito para convidá-lo a seguir. Algumas ficam restritas ao diálogo como por exemplo, a sopa que a Capelã Rose e seu esposo Israel Defende, Capitão da Reserva da Força Aérea, levaram para os bombeiros em uma destas noites. Ela me relatou a devolutiva de certo bombeiro que lhe disse que, "devido a tantas ocorrências durante o dia, nem tiveram tempo de almoçar, e que aquela sopa seria muito bem-vinda".

Certa vez, um policial pediu oração por sua sogra ao Capelão Jesus, que prontamente disse que estaria em oração. Na outra semana, o policial veio agradecer as orações contando ao pastor Jesus que sua sogra fora curada plenamente de sua enfermidade. Também, neste nome há poder (risos...)! Esse policial e sua família ficaram tão gratos pela intercessão, que hoje estão todos frequentando a Igreja Remanescente da Graça, a qual o Capelão Jesus pastoreia. Ressalto que, neste caso, não houve quebra no fundamento da capelania na qual é vedado ao capelão fazer proselitismo, pois foi uma iniciativa do próprio policial de querer conhecer a igreja do capelão.

Posso comentar mais uma experiência? O pastor André, da Igreja Batista, convidou uma equipe (dois policiais) de serviço para almoçar em sua residência com a sua família. Tirou foto, postou em rede social, a fim de expressar a sua alegria e contentamento por ter recebido os policiais em sua casa. Isso é maravilhoso!

A minha experiência de coordenação me permite afirmar sobre a importância dessa função no contexto do projeto como um todo. Não basta implantar o projeto em determinado quartel, dizer para o capelão: "Olha, daqui *pra* frente você se vira nos 30". Não! De jeito nenhum. A importância da coordenação está em permanecer de prontidão às demandas dos capelães, que estão na ponta da linha, e também auscultando os comandantes, visitando-os, sendo um facilitador para a manutenção e aperfeiçoamento do serviço de capelania.

Quero compartilhar uma outra experiência sobre a importância da coordenação. Sempre afirmei para os capelães se dirigirem a mim para a realização de alguma iniciativa que fosse além da ministração do "Momento com Deus" ou das tradicionais previstas. Certa vez, um capelão me ligou falando sobre os riscos de acidentes de trânsito a que os bombeiros estão submetidos e se poderia ungir as viaturas com óleo para fins de proteção. Aproveitei para reorientar o irmão que essa iniciativa não faz parte dos fundamentos da capelania, que agradecia sua intenção e preocupação, as quais deveriam ser canalizadas por meio da oração de intercessão. Quero que você, caro leitor, entenda que, embora seja uma prática de muitas igrejas, quartel não é igreja e militares não são seus membros. Certas práticas podem trazer restrições e embaraços ao serviço de capelania, uma vez que há militares das diversas matizes religiosas, bem como ateus que não entenderiam e/ou aceitariam esse fato, levando seu desagrado ao comandante local, o que poderia até fechar as portas para a capelania, como já aconteceu em um Batalhão da região do litoral. Viu aonde a consequência chega?

Por isso, tão importante quanto levantar capelães voluntários é levantar coordenadores locais (sede das unidades militares) e coordenadores regionais, sejam militares ou capelães civis. Porém como somos uma organização eminentemente hierarquizada, aconselho que os coordenadores regionais sejam Oficiais, pelo fato do acesso mais próximo aos comandos.

Em agosto de 2021, estive ministrando uma palestra sobre o *Projeto Polícia e Igreja* em Vitória–ES, por ocasião de término do curso de capelania voluntária desenvolvido pela Associação Militar Cristã Evangélica do Espírito Santo. Foi um momento muito rico para mim e para aqueles formandos. Acredito que, como no estado do Espírito Santo, esse projeto acontecerá em todas as demais Associações de Militares pelo país, mesmo naquelas corporações militares onde já existam os capelães institucionais[35], uma vez que, geralmente, é um capelão evangélico e um católico que, por sua limitação, não conseguem atender toda a demanda. Só para citar um dado, a Polícia Militar do Espírito Santo possui cerca de 10 mil policiais em seu efetivo. Ainda que eles tivessem 1 capelão institucional ficaria muito complicado atender capital e interior, na verdade seria praticamente impossível. Essa força do voluntariado é a solução para ampliar o serviço de capelania nessas corporações.

Atualmente, a Polícia Militar do estado de São Paulo também não tem capelania institucional, e a Associação

---

35 O capelão institucional é contratado pelo Estado por meio de concurso público.

possui cerca de 1.500 capelães voluntários cadastrados e atuando, dos quais um mil já possui o curso de capelania em plataforma EAD realizado pela própria Associação PMs de Cristo.

Porém, voltando a falar sobre a convivência e, até algumas vezes com toda a modéstia, pastorear estes pastores capelães, Deus colocou em mim um despertamento para o sagrado ministério. Em 2016, comecei a fazer o curso de Teologia Livre pela Faculdade de Teologia da Igreja Presbiteriana Independente — FATIPI, a fim de crescer no conhecimento e aprofundamento de minha amizade com o Senhor Jesus e poder servir mais capacitado em Seu Reino. No meio do curso, senti fortemente o chamado pastoral e fui compartilhar com o meu pastor, Mário Sérgio de Góes, da Primeira Igreja Presbiteriana Independente de São José do Rio Preto. Sem comentar com ele sobre a chama em meu coração, ele mesmo disse que estava observando um chamado pastoral em minha vida. Daí para frente, Deus foi abrindo as portas e fui atravessando todo o processo de ordenação previsto na constituição da Igreja Presbiteriana Independente do Brasil — IPIB. E agora pastoreio a IPI do município de Mirassol (distante apenas 9 km de São José do Rio Preto) desde 2019.

Caro leitor, meu objetivo com este manual é ser uma fonte de conhecimento e encorajamento para que você e a sua igreja se envolvam com a capelania policial militar voluntária ou mesmo com alguma outra área de capelania (hospitalar, prisional, cemiterial, empresarial etc.). Os policiais e bombeiros exercem atividades profissionais das mais desgastantes, talvez comparado ao pessoal da área médica. Esse desgaste emocional e físico tem refletido, primariamente, nas relações familiares, desaguando em um grande número de divórcios, por diversos motivos, entre eles a ausência no lar, que por vezes leva à infidelidade conjugal, violência doméstica, filhos perdidos para as drogas, entre outras mazelas. Também podemos afirmar que esse desgaste emocional evolui para casos de doenças mentais como síndrome do pânico, ansiedade, depressão.

Como citei em capítulos anteriores, apesar de todo o aparato da corporação para promover a saúde mental e emocional do policial, uma terceira via, podemos dizer até uma via do terceiro setor, voltada para o apoio e ajuda aos Comandos militares é a Igreja cristã por meio da força de seu voluntariado treinado e capacitado para o exercício da capelania.

Se você, leitor, é membro de alguma Associação de Militares cristãos, de unidades da federação, ou um Capelão Institucional da Polícia ou Corpo de Bombeiros militar ou ainda das Forças Armadas, espero que esta obra tenha lhe proporcionado diretrizes para a implantação da capelania voluntária, a fim de abranger um maior número de militares sob sua coordenação de assistência religiosa.

ANEXO A
PROJETO POLÍCIA E IGREJA

ORIENTAÇÃO AOS PASTORES E COOPERADORES

Texto bíblico — Atos 1:8 NVT
"Vocês receberão poder quando o Espírito Santo descer sobre vocês, e serão minhas testemunhas em toda parte: em Jerusalém, em toda a Judeia, em Samaria e nos lugares mais distantes da terra".

Amados pastores e cooperadores!
Vocês estão recebendo de Deus uma nova e nobre missão para atuarem em uma área diferente e muito importante: a Polícia Militar do estado de São Paulo, encarregada pela segurança pública de nossa sociedade através do policiamento ostensivo.

Trata-se de uma grande Corporação, com aproximadamente 100 mil integrantes (homens e mulheres), que, para proteger os cidadãos, colocam em risco a sua própria vida.

Os policiais se deparam diariamente com as mais variadas ocorrências, em que pessoas são vítimas de todos os tipos de violência: acidentes graves que resultam em morte, muitas vezes ceifando vidas de famílias inteiras; desinteligências envolvendo pessoas extremamente violentas e drogadas; roubos seguidos de morte; enfrentamento com marginais fortemente armados etc.

Não importam as condições de tempo, frio, calor, chuva, o policial está 24 horas por dia e sete dias da semana presente para bem servir a comunidade. Mesmo de folga, nossos policiais interferem em ocorrências para defesa própria e de terceiros, e muitos sofrem consequências irreversíveis. Haja organismo para superar tudo isso! Como não é um super-herói, o policial sofre com as descargas do estresse diário e precisa ser amparado por Deus e pelo Seu povo.

Como representante de Deus na Terra, a Igreja tem a missão de levar uma mensagem de paz, conforto, vida e esperança às pessoas, incluindo os nossos policiais militares e seus familiares. Após vários anos, nossa agência missionária, chamada Associação "PMs de Cristo", sonhava com a viabilização desse projeto e agora, com a permissão de Deus, vê cumprindo esse grande ideal, em que cada Companhia da PM será assistida espiritualmente pelas Igrejas locais. **Glórias a Deus!**

Desde já agradecemos a todos os pastores e cooperadores por terem abraçado esse novo desafio! Que Deus, em Sua soberania e através do Espírito Santo, instrua a cada um, convenientemente, nessa tarefa, para que o nome de Jesus seja anunciado com toda ousadia, pois Ele é o único merecedor de toda honra e de toda a nossa adoração e trabalho.

Rogamos também a Deus que abra o entendimento de cada Comandante para bem discernir e reconhecer a importância desse projeto. Oremos muito por isso, pois sabemos das investidas do inimigo de nossas almas, uma vez que a Polícia Militar é uma das instituições humanas que mais combate o mal, razão pela qual nossos policiais tornam-se alvos do inimigo de nossa alma.

APRESENTAÇÃO DO PROJETO POLÍCIA E IGREJA

CONCEITOS

- CPA/M (Comando de Policiamento de Área Metropolitano) — Comandada por um Coronel. Tem sob sua responsabilidade dois ou mais batalhões.
- BPM/M (Batalhão de Polícia Militar Metropolitano) — Comandada por um Tenente Coronel. Tem sob sua responsabilidade duas ou mais Companhias.
- CIA PM (Companhia Policial Militar) — Comandada por um Capitão. Tem como incumbência o policiamento ostensivo nos bairros. É composta normalmente por quatro pelotões, com quatro turnos (12 horas de serviço por turno). O 1.º turno inicia às 5h30 até às 18h, variando conforme a rotina de cada Cia. O 2.º turno inicia às 17h30 h até às 6h.

RENDIÇÃO DO SERVIÇO: troca entre as guarnições que saem e entram de serviço;

PRELEÇÃO: Antes de irem para as ruas, ocorre uma instrução e transmissão de ordens de aproximadamente 30 minutos;

GUARNIÇÃO: equipe composta de dois ou três policiais que tripulam uma viatura.

O policiamento não pode sofrer solução de continuidade, por isso esse processo de rendição do serviço é muito corrido.

- CIA FT (Companhia de Força Tática)

Tropa especializada que atua em apoio aos policiais das Cias PM nas ocorrências mais graves. Recebe instruções para emprego em ações de distúrbios civis.

Os turnos de serviço em algumas Unidades são quatro e em outras duas, porém com horários diversificados, conforme conveniência do serviço.

As Cias PM e a Cia Força Tática têm em seu efetivo os seguintes postos e graduações:

Capitão PM — Comandante de Cia

Tenente PM — Comandante de Pelotão

Sargento PM — Comandante auxiliar do Tenente

Cabos e Soldados — Encarregados e motoristas das viaturas e das bases comunitárias móveis e fixas, bem como do policiamento com motos.

As Bases Comunitárias Móveis e Fixas e o Policiamento com motos são pertencentes às Cias PM e Cia Força Tática.

ATIVIDADES A SEREM DESENVOLVIDAS PELAS IGREJAS

1. Breves reflexões, com leitura bíblica ou devocionais diários e oração, durante a preleção ou instrução ao efetivo que entra de serviço.

- Tempo de 5 a 10 minutos. Esse tempo NÃO poderá ser extrapolado, para não prejudicar a rendição dos turnos;

- Nessa breve reflexão não poderá haver discussões doutrinárias e particularidades de cada igreja. Não é obrigatória a participação do policial na reflexão.

2. Aconselhamento de PM ou casais.
   - Os pastores podem oferecer aos PM aconselhamentos individuais ou para casais;
   - Caso haja algum pedido, deverá ser agendado na sede da própria Cia ou em outro lugar, conforme entendimento entre os pastores e os PM solicitantes;
   - Há muitos policiais com sérios problemas familiares, como vícios em álcool e que precisam de um direcionamento espiritual.

3. Visitas a Policiais Militares enfermos.
   - Os pastores e cooperadores poderão oferecer aos Comandantes a possibilidade de realizarem visitas a policiais militares ou familiares enfermos;
   - Caso os PM a serem visitados residam muito longe dos bairros das respectivas igrejas, os pastores poderão solicitar que a visita seja feita por pastores de suas respectivas denominações que estejam no local onde devem ocorrer as visitas;
   - Sempre é conveniente confirmar se o policial ou familiar quer a visita.

4. Realização de Ofícios fúnebres.
   - Os pastores ficarão à disposição dos Comandantes para serem acionados para realização da cerimônia religiosa de sepultamento de policiais ou familiares;

- Da mesma forma, se a cerimônia for realizada em local muito distante das igrejas os pastores poderão ajustar com outros pastores que residam mais próximo.

5. Reflexão durante as reuniões mensais do efetivo das Companhias.
- Os pastores poderão se colocar à disposição para ministrar uma reflexão durante as reuniões programadas pelos Comandantes, sendo que o tempo poderá exceder os 10 minutos;
- Inclusive poderão oferecer as instalações de suas igrejas para a realização da reunião, caso comporte o efetivo da Cia;
- Caso haja condição financeira, eventualmente, poderão oferecer um café da manhã para o efetivo no dia da reunião mensal. É uma grande oportunidade para melhor aproximação dos policiais com a igreja.

6. Participação de reuniões do Conselho Comunitário de segurança (CONSEG).
- Os pastores e cooperadores poderão participar das reuniões dos Conselhos comunitários de segurança, tomando conhecimento das datas e locais com os Comandantes de Cia.

7. As igrejas, por meio de seus departamentos femininos, poderão programar atividades com as policiais femininas (palestras com oferecimento de um saboroso café ou chá etc.).

8. Os pastores poderão convidar os PM para um Pit stop nas igrejas, quando em patrulhamento, a fim de tomarem um café, água, uso de sanitários. Também é uma boa forma de aproximação.

9. Cultos de Ações de Graças ou vigílias.
- As igrejas poderão promover cultos especiais ou vigílias pela segurança pública, convidando os policiais e familiares. Nesses cultos ou vigílias, os pastores podem solicitar aos Comandantes que apresentem seus pedidos de oração.
- Nos cultos especiais, os pastores podem eventualmente homenagear policiais militares que se destacaram no mês em suas respectivas Companhias.

10. Participação em solenidades militares
- Os pastores podem ser convidados para participar de solenidades militares, ocasião em que poderão, se for o caso, trazer uma breve palavra ao efetivo, abençoar policiais condecorados, participando também de posse de comandantes.

11. Mediação de conflitos
- Os pastores que compõem o *Projeto Polícia e Igreja* podem se colocar à disposição dos Comandantes para mediar conflitos. Algumas vezes a polícia é chamada para o atendimento de ocorrências que não são de natureza policial e que podem ser resolvidas por um aconselhamento pastoral. Exemplos: Desinteligência entre casais, filhos em envolvimentos com drogas etc.

ANEXO B
ORIENTAÇÃO AOS COMANDANTES

Conforme reuniões do Comandante Geral e do Comandante do CPC com a comunidade evangélica, no final do ano de 2015, a Associação "PMs de Cristo" ficou incumbida de elaboração de um projeto de aproximação entre igrejas e a Polícia Militar.

Após minucioso planejamento, a Associação realizou contatos com pastores das Igrejas Evangélicas da Capital, que aceitaram prestar assistência espiritual aos policiais militares sem qualquer ônus para o Estado. A ideia inicial é no sentido de agregar três igrejas para prestar assistência a cada Companhia PM e Cia Força Tática.

Para viabilizar a realização desse projeto, solicitamos aos dignos Comandantes que recebam, com cortesia e atenção, os pastores e seus auxiliares, colocando suas Cias à disposição para realização das atividades listadas. Se possível, designar um representante da Cia para orientação aos pastores e apresentação aos Comandantes de Pelotão.

Sempre que houver alteração no Comando da Cia, que o sucessor seja informado sobre o projeto, de forma que não haja quebra na solução de continuidade dos trabalhos.

O projeto será apoiado pelos "PMs de Cristo", que contarão com capelães civis para o trabalho.

Senhor Comandante, acredite e empenhe sua confiança que tal parceria é salutar para a Polícia Militar e policiais, transmitindo essa sensação ao efetivo sob seu comando, enfatizando sobre a importância desse projeto, que não só atenderá o efetivo da Cia, mas também seus familiares, quando necessário. Sempre que houver alguma dúvida quanto ao projeto, os senhores Comandantes poderão entrar em contato com a Associação ou com os seus capelães.

Os pastores receberão todas as orientações para que não haja qualquer discussão doutrinária, a fim de respeitar a condição religiosa de cada policial, bem como a não extrapolarem o tempo destinado, de forma que não haja prejuízos a rendição dos turnos.

Cabe esclarecer aos senhores Comandantes que essa atividade já vem sendo desenvolvida sistematicamente, com efetivo sucesso, em várias Companhias PM da Capital e do interior do estado de São Paulo.

Também há estreito relacionamento entre a Associação e o Centro de Apoio Social (CAPS) em ocorrências de apoio a Policiais Militares e familiares.

Solicitamos que a relação dos contatos das igrejas e uma cópia dessas orientações fiquem no Serviço do Dia. Semelhantemente, que seja dada uma ampla divulgação aos

Comandantes de Força Patrulha (CFP) e Comandantes de Grupo (CGP) para eventuais acionamentos dos pastores.

ANEXO C
PORTARIA CMT G PM1-11/02/17, DE 13MAR17.

BOL G PM 49, DE 14 DE MARÇO DE 2017.

DETERMINAÇÕES E ORDENS

4 - NORMAS PARA A REALIZAÇÃO DE ATIVIDADES DE ASSISTÊNCIA RELIGIOSA OU ESPIRITUAL NAS UNIDADES DA PMESP — DETERMINAÇÃO

PORTARIA CMT G PM1-11/02/17, DE 13MAR17.

O Comandante Geral da Polícia Militar do Estado de São Paulo, no uso da competência prevista no artigo 19, inciso I, do Regulamento Geral da Polícia Militar, aprovado pelo Decreto 7.290, de 15 de dezembro de 1975;

Considerando que a Constituição Federal assegura como direito fundamental a liberdade de consciência e de crença e o livre exercício dos cultos religiosos;

Considerando que o caráter laico do Estado não implica em desconsiderar a importância e a relevância do sentido espiritual para o ser humano, fundamento de sua dignidade;

Considerando que a atividade policial-militar impõe o contato diário com os mais variados contrastes sociais, morais, éticos e econômicos, sendo o suporte religioso ou espiritual, ao lado da assistência sanitária, psicológica e social, um importante recurso de apoio na gestão de pessoal, pois valoriza a boa conduta ética e moral, a par dos valores e deveres policiais militares;

Considerando os princípios constitucionais e legais que regem a Administração Pública, corolários da supremacia e da indisponibilidade do interesse público;

Considerando, enfim, a necessidade de traçar balizas para a realização de atividades de assistência religiosa ou espiritual no âmbito desta Instituição, equacionando-se as regras e princípios acima expostos com o harmonioso exercício das liberdades públicas e o respeito aos interesses da coletividade;

Determina:

Artigo 1.º - Fica autorizado, no âmbito da Polícia Militar do Estado de São Paulo, a realização, voluntária e gratuita, de atividades de assistência religiosa ou espiritual, por quaisquer ministros de cultos religiosos ou espirituais, objetivando o desenvolvimento da pessoa humana.

Parágrafo único - As atividades de assistência religiosa ou espiritual abrangem o aconselhamento, as reuniões e as celebrações diversas, realizadas em qualquer nível organizacional.

Artigo 2.º - As liberdades de consciência e de crença no âmbito desta Instituição devem ser permitidas em compatibilidade com os demais direitos fundamentais e com os princípios da Administração Pública, tais como legalidade, impessoalidade, moralidade, publicidade, eficiência, razoabilidade, proporcionalidade e interesse público.

Artigo 3.º - É vedado:
I - participar das atividades de assistência religiosa ou espiritual com prejuízo ao serviço policial-militar ou ao regime de trabalho da Instituição;
II - obrigar policiais militares a participarem dessas atividades;
III - valer-se dessas atividades para tratar de assuntos de natureza policial-militar;
IV - praticar condutas prejudiciais à liberdade de consciência e de crença, como fanatismo, proselitismo ou aliciamento.
Parágrafo único - Não se confundem com as vedações acima a divulgação das atividades e a designação de policiais militares para missão de segurança pública em locais de cultos e celebrações dessa natureza.

Artigo 4.º - As atividades de assistência religiosa ou espiritual devem ser realizadas de forma impessoal, sendo vedada a vinculação das pessoas responsáveis pela atividade com a Polícia Militar, em qualquer nível organizacional.

Parágrafo único - É vedada, também, a vinculação através de identificação, designação, título, função ou cargo específicos, devendo ser conferido o tratamento de acordo com o proferido no âmbito da respectiva doutrina, fé ou crença.

Artigo 5.º - Para a realização de atividades de assistência religiosa ou espiritual, o ministro voluntário deverá encaminhar solicitação ao Comandante de Unidade, esclarecendo, sem prejuízo de outras informações que forem necessárias, o que segue:

I - a exposição das atividades pretendidas, inclusive a periodicidade;

II - a orientação religiosa ou espiritual e a experiência ou capacitação respectiva;

III - a identificação das pessoas que pretendem ingressar nas dependências da Organização Policial-Militar (OPM);

IV - o caráter voluntário e gratuito da atividade, sem ônus aos cofres públicos;

V - o pleno conhecimento do teor desta Portaria e das normas eventualmente baixadas no âmbito do Comando da Unidade.

Parágrafo único - Considera-se, para os fins dessa Portaria, como Comandante de Unidade o Oficial que estiver exercendo funções privativas dos postos de Coronel e de Tenente-Coronel.

Artigo 6.º - Para autorizar ou indeferir o pedido, o Comandante de Unidade considerará, entre outras questões:

I - as razões apresentadas;

II - a reputação e idoneidade das pessoas que irão desenvolver as atividades;

III - o funcionamento regular da doutrina, fé ou crença e a comprovação, pelos seus órgãos representativos, da capacitação do responsável pelas atividades;

IV - as instalações físicas da Unidade.

§ 1.º - Em caso de autorização, o Comandante da Unidade definirá os possíveis locais, dias e horários de desenvolvimento da atividade, bem como outras situações pertinentes à sua execução, de forma a não causar prejuízo ao serviço, à hierarquia, à disciplina e à ordem militar.

§ 2.º - Em caso de indeferimento, os motivos devem ser informados ao solicitante.

§ 3.º - A documentação que autorizou ou indeferiu o pedido será expedida em duas vias, sendo uma entregue ao solicitante e outra, com a aposição de ciência deste, arquivada na Seção de Comunicação Social da Unidade ou equivalente. (E até publicada em Boletim Interno – acréscimo do Coronel Evandro Teixeira Alves).

Artigo 7.º - É vedado o pagamento de qualquer valor aos responsáveis pelas atividades de assistência religiosa ou espiritual, salvaguardada a autorização de utilização do espaço físico.

Parágrafo único - Não se firmará qualquer vínculo de qualquer natureza, inclusive privado, entre a Polícia Militar e os ministros voluntários.

Artigo 8.º - Por ser ato unilateral e precário, a autorização pode ser revogada a qualquer tempo, não ensejando indenização de qualquer espécie, operando-se, de pronto, a revogação em caso de descumprimento das normas a respeito ou dos termos da autorização.

Artigo 9.º - Os Oficiais que exercem funções privativas do posto de Coronel PM poderão baixar normas complementares a esta Portaria, levando-se em consideração as peculiaridades das OPM sob sua responsabilidade.

Artigo 10.º - Os casos omissos serão resolvidos pelo Estado-Maior da Polícia Militar.

Artigo 11.º - Esta Portaria entra em vigor na data de sua publicação.

(NOTA PM1-12/02/17)

ANEXO D
ROTEIRO DE ATUAÇÃO PARA OS PASTORES E COOPERADORES

- Conhecer os pastores dos seus respectivos grupos (constantes da planilha), combinando uma visita ao Comandante da Unidade onde prestarão assistência espiritual voluntária.
- É salutar um entrosamento entre os pastores dos respectivos grupos, a fim de que não coincida a presença de dois ou mais pastores num mesmo horário para ministração ao Pelotão. Seria importante um tipo de escala entre os pastores.
- Será importante que os pastores ou cooperadores compareçam para ministração pelo menos uma vez por semana e, em havendo impossibilidade, uma vez a cada 15 dias.
- O patrulhamento de rua é ininterrupto, ou seja, de segunda-feira a segunda-feira; portanto não há impedimentos de realizarem a ministração aos sábados,

domingos e feriados. **É importante se inteirar dos horários de troca dos turnos. A Cia de Força Tática (tropa especial) tem horários variados.**

- **Normalmente a instrução na entrada de serviço é de 30 minutos e o pastor ou cooperador terá apenas 5 minutos para reflexão. Em situações excepcionais, pode chegar até a 10 minutos, dependendo do encarregado da instrução. No entanto, esse tempo não pode ser ultrapassado, pois poderá causar prejuízos ao atendimento de ocorrências.**

- Em cada instrução de entrada de serviço há um PM mais graduado. É para eles que os pastores ou cooperadores devem se apresentar e informar que fazem parte dos "PMs de Cristo" e que estão devidamente autorizados a realizarem as ministrações.

- Tendo em vista as diversas crenças, solicitamos que os pastores não entrem em discussões doutrinárias e não haja também, no interior dos quartéis, uso de profecias e coisas similares.

- A nossa sugestão para ministração na entrada de serviço é de uma leitura de um pequeno texto da Bíblia, uma breve reflexão e uma oração ao final. Já tivemos exemplo de um pastor que leu um grande texto bíblico e acabou extrapolando o tempo com a leitura. Pode ser utilizado também a leitura de uma lição dos devocionais diários (*Pão Diário, Cada Dia* etc.).

- Use o tom de voz moderado de fala nas reflexões, bem como nas orações, evitando-se os termos utilizados nas Igrejas entre os irmãos (amém, aleluia, glória a Deus, irmãos etc.).

- Podem distribuir Bíblias, folhetos e livretos aos policiais militares.
- Após a ministração coloquem-se à disposição dos policiais militares para a realização de aconselhamentos, visitas a policiais militares e familiares enfermos.
- Não se importem com as primeiras impressões, pois no início é realmente difícil diante de uma nova realidade de missão. Com o tempo, os policiais militares vão ficando mais à vontade para apontar suas necessidades.
- Ofereçam as instalações de suas igrejas para a reunião mensal do efetivo da Unidade, havendo possibilidade. Nessa oportunidade, os pastores poderão ter um tempo maior para reflexão. Nessa reunião, a igreja poderá também homenagear os Policiais Militares destaques do mês. Algumas igrejas têm oferecido café da manhã ao efetivo.
- Para as igrejas que fazem ação social é importante perguntar se algum policial militar tem necessidade de cesta básica. São várias as ações que as igrejas podem oferecer.
- Para as igrejas que atuarão na sede das Unidades (PM que trabalham no setor administrativo), recomendamos o primeiro contato com o Oficial de relações públicas (P5), para que eles verifiquem com os Comandantes a melhor forma de atuação e os horários para a ministração. Nessas Unidades, o expediente é de segunda a sexta-feira.

ANEXO E
SUGESTÃO DE TEMAS PARA AS MINISTRAÇÕES AOS POLICIAIS MILITARES E BOMBEIROS

Precisamos relembrar que os pastores ou cooperadores terão 5 a 10 minutos, no máximo, para realizar as reflexões aos PM na entrada do serviço:

- Lições de um dos devocionais a seguir: *Presente Diário, Pão Diário, Cada Dia, No Cenáculo* etc.
- Amor a Deus e ao próximo (MATEUS 22:34-40)
- Fortalecimento do caráter (1 CORÍNTIOS 16:13-14)
- Integridade (JOSUÉ 24:14)
- Bondade de Deus (SALMO 34:8; EFÉSIOS 9)
- Justiça (Mateus 6: 33)
- Humildade (JOÃO 13:12-20; MATEUS 18:4)
- Lealdade e fidelidade (2 TIMÓTEO 2:13; SALMO 89:37)

- Honra (na esfera civil, eclesiástica, familiar e social — Romanos 13:7)
- Verdade absoluta da Bíblia (JOÃO 14:5-6)
- Importância da Família (GÊNESIS 2:24; ECLESIASTES 9:9)
- Confiança em Deus (MATEUS 6:33; SALMO 18:2; PROVÉRBIOS 3:5; SALMO 7:1)
- Proteção divina (SALMOS 16:1; 23; 33:20; MATEUS 19:29-31)
- Importância da Palavra de Deus (SELECIONAR VERSÍCULOS DO SALMO 119; 2 TIMÓTEO 3:16; SALMO 119:105; HEBREUS 4:12)
- Perseverança (TIAGO 1:2-4);
- Importância dos relacionamentos (CONSTRUINDO BOAS AMIZADES; SALMO 1; PROVÉRBIOS 13:20)
- Fé inabalável (Salmo 125)
- Pecado, ou afastamento de Deus (livro de Romanos)
- Bem-aventuranças (MATEUS 5:1-11)
- Oração (MATEUS 6:9-15; SALMO 62:5)
- Ansiedade (MATEUS 6: 9-15)
- Os dois fundamentos (MATEUS 7:24-27)
- Adversidades, lutas (MATEUS 8:23-27)
- Mensagem para os cansados (MATEUS 11:28-30)
- Perdão (MATEUS 18:21-22)
- Amor de Deus (JOÃO 3: 16; ROMANOS 8:31-32)
- Jesus, a Luz do mundo (JOÃO 8:12)
- Jesus, o Bom Pastor (JOÃO 10:1-18)
- Soberba (SALMO 10:4; 101:5; PROVÉRBIO 6:17)
- Gratidão (1 TESSALONICENSES 5:18, 1 CRÔNICAS 16:8)
- Não julgar (MATEUS 7:2-3; 7:5; 1 CORÍNTIOS 10:12)
- Buscando a vontade de Deus (TIAGO 4:13-17)
- Como obter a sabedoria (TIAGO 1:5-8)

- Como ser um bom amigo (PROVÉRBIOS 17:17; LUCAS 10:25-37)
- Como controlar seu temperamento (PROVÉRBIOS 14:17-29; 15:18; ECLESIASTES 7:9)
- Não deixe para amanhã o que pode fazer hoje (MATEUS 22:1-14)
- Como aproveitar o tempo (PROVÉRBIOS 12:11; 28:19; 1 TIMÓTEO 4:11-16)

ANEXO F

O termo abaixo é apenas para servir de modelo aos leitores para que as Associações/Uniões de outros estados da federação possam aplicar.

TERMO DE ADESÃO AO VOLUNTARIADO

A Associação dos Policiais Militares Evangélicos de São Paulo, conhecida como PMs de Cristo, instituição privada sem fins lucrativos, com sede na cidade de São Paulo, na Rua Pedro Vicente, 258-A, inscrita no CNPJ sob o n.º68.971.498/0001-73, vem, através deste instrumento, celebrar o presente **Termo de Adesão ao Serviço Voluntário**, com:

Voluntário(a):

Nome:_____

RG:_____

CPF:_____

Endereço:_____

Tel.: _____

E-mail: _____

1. O(A) voluntário(a) supra compromete-se a auxiliar a **Associação dos Policiais Militares Evangélicos de São Paulo** na implementação e desenvolvimento de seus objetivos institucionais, na atividade de capelania policial-militar, observando as normas da instituição e as diretrizes traçadas, bem como aquelas informadas pelo responsável da área de voluntariado.

2. As despesas, desde que <u>previamente autorizadas</u> pelo Presidente da **Associação dos Policiais Militares Evangélicos de São Paulo**, de acordo com a Resolução n.º PMC-001/15 e realizadas em benefício deste voluntário, <u>poderão</u> ser reembolsadas ao voluntário mediante a comprovação dos gastos, de acordo com a Resolução acima.

3. O presente Termo de Adesão tem prazo indeterminado tendo seu término efetivado com o desligamento do(a) voluntário(a), quando formalizada a vontade de uma das partes, por escrito.

4. O(A) voluntário(a) está ciente de que o serviço voluntário, conforme a Lei n.º 9.608, de 18 de fevereiro de 1998, "não gera vínculo empregatício, nem obrigação de natureza trabalhista previdenciária ou afim", não cabendo, portanto, ao(à) voluntário(a) qualquer remuneração ou ressarcimento

pelos serviços prestados à **Associação dos Policiais Militares Evangélicos de São Paulo.**

São Paulo, _____ de _____ de _____.

_____

Presidente Voluntário(a) da Associação dos Policiais
Militares Evangélicos de São Paulo

_____

_____

Testemunhas

REFERÊNCIAS BIBLIOGRÁFICAS

A BÍBLIA. **Amar ao próximo**. Almeida Revista e Corrigida (ARC). 2009 Sociedade Bíblica do Brasil.

AGORAVALE. **Polícia Militar do Estado de São Paulo completa 179 anos!** Disponível em: <http://www.afam.com.br/comunicacao/pd/pdv.asp?a=621>. Acesso em: 09 mai. 2018.

ALMADA, Antônio Carlos Charqueiro. **Os Princípios da Ética Cristã como Base do Código de Ética da Ordem dos Advogados do Brasil.** 2015. 66 f. Trabalho Final (Mestrado Profissional para obtenção do grau de Mestre em Teologia) – Faculdade EST Escola Superior de Teologia Programa de Pós-Graduação, São Leopoldo RS, 2015.

ALMEIDA, Marcelo Coelho. **A religião na caserna: o papel do capelão militar.** Dissertação de Mestrado. Universidade Presbiteriana Mackenzie. São Paulo, 2006.

ANTUNES, André. **A Vida de São Martinho. Estudo introdutório, tradução e comentário.** 2014. 142 f. Dissertação (Mestrado em Estudos Clássicos, área de especialização de Estudos Medievais e Renascentistas,) – Universidade de Coimbra - UC, Coimbra, 2014. Disponível em:<https://estudogeral.sib.uc.pt/bitstream/10316/27980/1/A%20Vida%20de%20S%C3%A3o%20Martinho.%20Estudo%20introdut%C3%B3rio%2C%20tradu%C3%A7%C3%A3o%20e%20coment%C3%A1rio.pdf> Acesso em: 05 mai. 2018.

ALVES, Evandro Teixeira. **A polícia e a igreja: uma parceria para o desenvolvimento da comunidade e o combate à violência.** 1.ª ed. Pompéia: Universidade da Família, 2012.

ALVES, Gisleno Gomes de Faria. **Manual do capelão: teoria e prática.** 1.ª ed. São Paulo: Hagnos, 2017, p. 201.

ASSOCIAÇÃO DOS POLICIAIS MILITARES PORTADORES DE DEFICIÊNCIA DO ESTADO DE SÃO PAULO (APMDFESP). Disponível em: <http://apmdfesp.com.br/apmdfesp/>. Acesso em: 14 jun. 2018.

BENTHO, Esdras Costa. **Conceito de religião: As diversas vias.** Disponível em:<http://teologiaegraca.blogspot.com/2007/08/conceito-e-definio-de-religio-as.html>. Acesso em: 15 out. 2018.

BEEKE, Joel. **João Calvino, o evangelista em Genebra.** Disponível em:<http://www.monergismo.com/textos/jcalvino/calvino_evangelista.htm#nota2>. Acesso em 14 out. 2018.

BOSCH, David J. **Missão transformadora: mudanças de paradigma na teologia da missão.** São Leopoldo: Sinodal, 2002.

BOMILCAR, Karen. **Saúde emocional e maturidade espiritual: o que a igreja pode fazer?** Disponível em:<https://www.ultimato.com.br/editora/conteudo/saude-emocional-e-maturidade-espiritual-o-que-a-igreja-pode-fazer>. Acesso em: 27 mar. 2019.

BOUWSMA, William. John Calvin: **Um Retrato do Século Dezesseis.** New York: Oxford, 1988, p. 29.

BRASIL. **Constituição da República Federativa do Brasil de 1988.** Disponível em:< http://www.planalto.gov.br/ccivil_03/Constituicao/Constituicao.htm >. Acesso em: 07 mai. 2018.

_____. **Decreto n.º 9.8936, de 08 de fevereiro de 1990.** Aprova o Protocolo de Intenções que institucionalizou o Conselho Nacional de Segurança Pública CONASP. Disponível em: <http://www.planalto.gov.br/ccivil_03/decreto/1990-1994/D98936.htm>. Acesso em: 07 mai. 2018.

_____. **Decreto n.º 4.346, de 26 agosto de 2002.** Aprova o Regulamento Disciplinar do Exército (R-4) e dá outras providências. Disponível em: <http://www.planalto.gov.br/ccivil_03/decreto/2002/d4346.htm>. Acesso em: 13 mai. 2018.

_____. **Lei n. 9.982, de 14 de julho de 2000.** Dispõe sobre a prestação de assistência religiosa nas entidades hospitalares públicas e privadas, bem como nos estabelecimentos prisionais civis e militares. Disponível em: <http://www.planalto.gov.br/ccivil_03/leis/l9982.htm>. Acesso em: 07 mai. 2018.

_____. **Decreto n.º 14.274, de 09 de novembro de 1944.** Dispõe sobre criação do cargo de Capelão Militar na Força Policial do Estado e dá outras providências. Disponível em: < https://www.al.sp.gov.br/repositorio/legislacao/decreto.lei/1944/decreto.lei-14274-09.11.1944.html>. Acesso em: 21 jul. 2018.

_____. **Decreto n.º 16.347, de 26 de novembro de 1946.** Dispõe sobre criação da Capelania Militar da Força Policial do Estado e dá outras providências. Disponível em: < https://www.al.sp.gov.br/repositorio/legislacao/decreto.lei/1946/decreto.lei-16347-26.11.1946.html>. Acesso em: 21 jul. 2018.

_____. **Diário Oficial da União, de 19 de janeiro de 2012**, Seção 1, p. 17.

CALVIN, João. **The Bondage and Liberation of the Will: A Defence of the Orthodox Doctrine of Human Choice** against Pighius. Grand Rapids: Baker, 1996, 215.

CALVINO, João. **Tracts and Treatises Vol. 2: The Doctrine and Worship of the Church.** Grand Rapids: Eerdmans, 1958, p. 102.

CAMARGO, Carlos Alberto de. **Polícia Comunitária: a estratégia de implantação do atual modelo.** Revista Brasileira de Segurança Pública, São Paulo v. 9, n. 2, 218-233, Ago/Set 2015.

CAMPOS, Fabiana Batista de Holanda. **O Projeto Polícia e Igreja e sua contribuição para o Serviço Policial Militar: avaliação no âmbito da Polícia Militar do estado de São Paulo e proposta de normatização.** Tese (Doutorado em Ciências Policiais de Segurança e Ordem Pública) – Centro de Altos Estudos de Segurança, São Paulo – SP, 2016.

CAPELLAN, Caetan. **O capelão evangélico.** Disponível em:<https://caetan.blogspot.com.br/2012/08/aprendendo-sobre-o-verdadeiro-evangelho.html>. Acesso em: 01 mai. 2018.

CARDOSO, Antônio César; TEIXEIRA, Ricardo; FILHO, Nagib Daia. **Capelania voluntária: o cuidado espiritual com o Policial Militar.** 2017. 25 f. Trabalho de Conclusão de Curso (Bacharel em Teologia). Faculdade de Teologia da Universidade Metodista de São Paulo, Pólo Ribeirão Preto – SP, 2017.

CARRIKER, Timóteo. **Evangelização: guia de estudos.** 1.º ed., Potyguara – São Paulo – 2018.

CENTRO PRESBITERIANO DE PÓS-GRADUAÇÃO ANDREW JUMPER. **Calvino, o diaconato e a responsabilidade social.** Disponível em: <http://cpaj.mackenzie.br/historia-da-igreja/movimento-reformado-calvinismo/joao-calvino/calvino-o-diaconato-e-a-responsabilidade-social/>. Acesso em: 16 out. 2018.

CENTRO PRESBITERIANO DE PÓS-GRADUAÇÃO ANDREW JUMPER. **Amando a Deus e ao próximo: João Calvino e o diaconato em Genebra.** Disponível em: <http://cpaj.mackenzie.br/historiadaigreja/pagina.php?id=168>. Acesso em: 16 out. 2018.

CONFISSÃO DE FÉ DE WESTMINSTER. Disponível em:< http://www.monergismo. com/textos/credos/cfw.htm>. Acesso em: 28 mar. 2019.

Constituição da Igreja Presbiteriana Independente do Brasil. Aprovada na 10.ª Assembleia Geral - 05 de julho de 2017 – Sorocaba-SP. Acesso em 13 out. 2018.

COUTINHO, José Pereira. **Religião e outros conceitos.** Sociologia, Revista da Faculdade de Letras da Universidade do Porto, Vol. XXIV, 2012, p. 171-193.

CURTIS, A. Kenneth; LANG, J. Stephen Lang; PETERSON, Randy. **Os 100 acontecimentos mais importantes da história do cristianismo: do incêndio de Roma ao crescimento da igreja na China.** Tradução Emirson Justino — São Paulo: Editora Vida, 2003.

DICIONÁRIO DO AURÉLIO. Disponível em:<https://dicionariodoaurelio.com/>. Acesso em: 07 mai. 2018.

DICIONÁRIO INFOPÉDIA DA LÍNGUA PORTUGUÊS. Capelão. Porto: Porto Editora, 2003-2018. Disponível <em: https://www.infopedia.pt/dicionarios/ lingua-portuguesa/capelão>. Acesso em: 01 mai. 2018.

DUARTE, Lucas Estevam. **O capelão na capelania da Polícia Militar: Funções pastorais.** Disponível em:< https://artigos.etc.br/o-capelao-na-capelania-da-policia-militar-funcoes-pastorais-2.html>. Acesso em: 01 mai. 2018.

FACEBOOK. **Capelania Policial São José do Rio Preto-SP.** Disponível em:<https://www.facebook.com/Capelania-Policial-S%C3%A3o-Jos%C3%A9-do-Rio-Preto-SP-154456685298996/>. Acesso em: 30 jun. 2018.

FARIA, Paulo Henrique Fontoura de. **A Importância do ecumenismo na assistência religiosa da Polícia Militar do Estado de São Paulo.** 2009. 155 f. Dissertação (Mestrado)-Programa de Pós-Graduação em Ciências Policiais de Segurança e Ordem pública-PMESP, São Paulo, 2009.

FARRIS, J. R. **Aconselhamento psicológico e espiritualidade.** In M. M. Amatuzzi (Org.), 2005. Psicologia e espiritualidade. São Paulo: Paulus.

FERREIRA, Damy. **Capelania escolar evangélica.** São Paulo: Rádio Trans Mundial, 2008.

GEERTZ, Cliffor. **Religion as a cultural system.** In Michael Banton (ed.), Anthropological approaches tothestudyofreligion, London, Tavistock, 1996, p. 1-46.

GIOVANETTI, José Paulo. **Psicologia e espiritualidade.** Em AMATUZZI, Mauro Martins (org.),2005. São Paulo: Paulus, p. 129-145.

GLOCK, Charles; STARK, Rodney. **Religion and society in tension.** Chicago, 1969, RandMcNally& Co.

GREGÓRIO, Alvaro. GESPOL, em livro. Leia. Disponível em:< http://igovsp.net/sp/gespol-em-livro-leia/>. Acesso em: 10 mai. 2018.

IBGE. **Normas de apresentação tabular.** 3. ed. Rio de Janeiro, 1993.

INSTITUTO DEFESA. **Código Q – Muito mais que QSL e QAP.** Disponível em:<https://www.defesa.org/codigo-q-muito-mais-que-qsl-e-qap/>. Acesso em: 29 jul. 2018.

JUNIOR, Antonio Carlos da Rosa Silva. **O que você precisa saber sobre capelania.** Rádio Trans Mundial, 1.º ed., 2018.

KEMPIS, Tomás de. **A imitação de Cristo.** Publicações Pão Diário, 2021 (no prelo).

LIDÓRIO, Auriciene Araújo. **Escuta ativa e qualificada.** Unidade 5: Fundamentos da Capelania. Facnopar Virtual.

_____. **O perfil do/a capelão/capelã. Unidade 2: Fundamentos da Capelania.** Facnopar Virtual.

_____. **Relevância da capelania. Unidade 3: Fundamentos da Capelania.** Facnopar Virtual.

_____. **Teologia bíblica da capelania. Unidade 3: Fundamentos da Capelania.** Facnopar Virtual.

LOPES, Augustus Nicodemus. **A ética nossa de cada dia.** Disponível em: <http://www.monergismo.com/textos/etica_crista/etica_cadadia.htm>. Acesso em: 29 jul. 2018.

MACEDO, Josué Campos. **Capelania militar evangélica e sua importância para o CBERJ.** Revista Heróis do Fogo,n. 16, ano 4, Edição Nacional, 1994, p. 54.

MADURO, Otto. **Religião e luta de classes.** 2.ed., Rio de Janeiro: Vozes, 1983, p. 31.

MATOS, Alderi Souza de. **A Reforma Protestante do século XVI. Revista de Ciências Humanas e Letras das Faculdades Integradas da Fama.** Goiânia, GO, v. 3, n. 1 (2011). p. 43, 2011. Disponível em: <http://www.faifa.edu.br/revista/index.php/voxfaifae/article/view/24/43>. Acesso em: 11 out. 2018.

_____. **Amando a Deus e ao próximo: João Calvino e o diaconato em Genebra.** Disponível em:<http://thirdmill.org/portuguese/51411~9_18_01_4-04-42_PM~alderi4.htm>. Acesso em: 14 out. 2018.

MELLO, Celso Antônio Bandeira de. **Curso de Direito Administrativo.** Malheiros Editores, 26.ª ed., 2009.

MONDIN, B. **Introdução à filosofia: problemas, sistemas, autores, obras.** 10.ª ed., São Paulo: Paulus, 1980, p. 87.

OLIVEIRA, Áureo Rodrigues de. **Teologia e Sociedade: Diaconia em Calvino: Uma Resposta aos Desafios de Seu Tempo.** Seminário Teológico de São Paulo, Vol. 1, n.º 4 (novembro 2007). São Paulo: Pendão Real, 2007.

OLIVEIRA, Márcia Regina de; JUNGES, José Roque. **Saúde mental e espiritualidade/religiosidade: a visão de psicólogos.** Estudos de Psicologia, 17(3), setembro-dezembro/2012, p. 469-476.

OLIVEIRA, Silas de. **Teologia Reformada: guia de estudos.** Fundação Eduardo Carlos Pereira, Potyguara, São Paulo, 1.ª Edição, 2018.

PEREIRA, Herbert A. **Significado de "imago dei".** Disponível em:<http://gn127.blogspot.com/2015/02/significado-da-imago-dei.html>. Acesso em: 15 mar. 2019.

PMESP. **Sistema de Gestão da Polícia Militar do Estado de São Paulo – GESPOL.** SÃO PAULO, SP: 2.ª ed. 2010.

"PMs DE CRISTO". Disponível em: <http://www.pmsdecristo.org.br/site/index.php>. Acesso em: 23 jun. 2018.

POLÍCIA MILITAR DO ESTADO DE SÃO PAULO. **História da PM.** Disponível em:<http://www.policiamilitar.sp.gov.br/institucional/historia-da-pm>. Acesso em 09 mai. 2018.

_____. **Plano Diretor Diretoria de Polícia Comunitária e de Direitos Humanos 2016 – 2017.** Quartel do Comando Geral.

PRIMEIRA IGREJA PRESBITERIANA INDEPENDENTE. Disponível em:<http://www.ipiriopreto.com.br/>. Acesso em 12 out. 2018.

PROENÇA, Shirley Maria dos Santos. **Teologia e prática da missão: guia de estudos.** 1.º ed., São Paulo: Potyguara, 2018.

RAYNOR, Henry (1981). **A naturalização dos menestréis. História Social da Música – da Idade Média a Beethoven.** Rio de Janeiro: Zahar Editores. p. 62.

REIFLER, Hans Ulrich. **A ética dos Dez Mandamentos.** 1.º ed. São Paulo: Sociedade religiosa edições vida nova, 1992.

REIS, Glédston Campos dos. **A assistência espiritual ou religiosa na Polícia Federal: proposta de implantação. 2009.** 102 f. Trabalho de Conclusão de Curso (Especialista em Execução de Políticas de Segurança Pública) – Academia Nacional de Polícia, Brasília – DF, 2009.

REVISTA A FORÇA POLICIAL. 1944, p. 5.

ROLDÃO, Flávia Diniz. **Relações de ajuda e cuidado: um diálogo entre psicologia e teologia.** Congresso de Teologia da PUCPR, 9., 2009, Curitiba. Anais eletrônicos..Curitiba: Champagnat, 2009. Disponível em: <http://www.pucpr.br/eventos/congressoteologia/2009/>. Acesso em 07 mar.2019.

ROSA, Luiz Antonio. **Capelania Policial-Militar Voluntária como proposta de modelo para a valorização da dimensão espiritual na Gestão de Pessoas.** 2016. 144 f. Tese (Doutorado em Ciências Policiais de Segurança e Ordem Pública) – Centro de Altos Estudos de Segurança, São Paulo – SP, 2016.

SANTOS, Ivanaldo Ferreira.**Capelania Cristã: oportunidades, desafios e relevância social.** Santos Editora, Curitiba, 2017.

SCHERKERKEWITZ, IsoChaitz. **O Direito de Religião no Brasil.** Disponível em:<http://www.pge.sp.gov.br/centrodeestudos/revistaspge/revista2/artigo5.htm>. Acesso em: 18 jul. 2018.

SERBETO, Jean Charles O. Diniz. **Polícia Comunitária os pequenos municípios estratégia para fortalecimento da doutrina no estado.** 206, 224 f. Monografia (Curso Superior de Polícia) – Centro de Aperfeiçoamento e Estudos Superiores da Polícia Militar do Estado de São Paulo, São Paulo, p. 35.

SILVA, Alessandro da. **Avaliação do Projeto Polícia e Igreja no Comando de Policiamento de Área-3, seus efeitos na saúde espiritual e na atividade do policial militar voluntário participante.** Monografia. Doutorado em Ciências Policiais de Segurança e Ordem Pública. São Paulo: Centro de Altos Estudos de Segurança da Polícia Militar do Estado de São Paulo, 2019.

SILVA, Altair Antonio da. **A Instituição do Sistema de Ensino na Polícia Militar do Estado de São Paulo.** 2017. 17 f. Graduação Bacharel em Teologia, Especialização em Docência do Ensino Superior – Faculdade São Luís, Jaboticabal – SP. 2017. Disponível em: <http://www3.policiamilitar.sp.gov.br/unidades/caj/wp-content/uploads/2017/05/art_PDF/ENSINO_PMESP.pdf>. Acesso em: 09 mai. 2018.

Sombras da alma: tramas e tempos de depressão. [Organizado por] Karin H. K. Wondracek, Lothar C. Hoch e Thomas Heimann. São Leopoldo: Sinodal/EST, 2012.

VALLE, Edênio R. **Religião e espiritualidade: um olhar psicológico.** In AMATUZZI, Mauro Martins (org.), 2005. Psicologia e espiritualidade. São Paulo: Paulus.

VARELLA, Drauzio. **Síndrome de Burnout.** Disponível em:< https://drauziovarella.uol.com.br/doencas-e-sintomas/sindrome-de-burnout/>. Acesso em: 18 mar. 2019.

VARGENS, Renato. **Calvino, evangelização e portas abertas.** Disponível em:http://renatovargens.blogspot.com/2010/05/evangelizacao-e-portas-abertas.html. Acesso em 14 out. 2018.

VIEIRA, Walmir. **Capelania escolar: desafios e oportunidades.** São Paulo: Rádio Transmundial, 2011, p. 14.

ZWETSCH, Roberto E. **Evangelho, missão e culturas: O desafio do século 21.** In: SCHNEIDER-HARPPRECHT, Christoph.(org). Teologia prática no contexto da América Latina. São Leopoldo: Sinodal/EST, 2011.